LEONHARD F. SEIDL

Django ermittelt in Bayern

BANDITEN IN OBERBAYERN

Gwamberter Uhu – Eichstätt-Rätsel-Krimi von Leonhard F. Seidl

Der Django schiebt die Oma gerade am Seminarweg in Eichstätt, unweit der Altmühl entlang, da klingelt sein Handy.

»Django, hello … Polizei?«

Die Oma schaut auf.

»Ärger. Ich versteh … Ich versteh gar nix? … Aso. Bis gleich.«

»Was war denn das jetzt?«, fragt die Oma.

»Ein Schandi.«

»Ja, das hab ich schon mitbekommen. Und was will der von dir?«

»Seine Diät durchziehen.«

Die Oma lacht. »Da ist er ja bei dir genau an der richtigen Stelle.«

»Stimmt«, sagt der Django. »Ich hab mit meiner veganen Diät schon zwei Kilo abgenommen.«

»Aber du musst auch noch 20 Tage dranhängen, weil du von den 30 Tagen an 20 gesündigt hast.«

»Jeden Tag, eine gute Tat«, sagt der Django, weil ihm gerade nichts Besseres einfällt …

Leonhard F. Seidl ist in der Nähe des Isentals aufgewachsen. Nach seinem Studium der Sozialen Arbeit ist er mittlerweile freiberuflicher Autor, Biograf und Dozent für kreatives Schreiben. Zwischendurch machte er Halt im Knast, um für sein Projekt »Beschriebene Blätter – Kreatives Schreiben mit straffälligen Jugendlichen« zu recherchieren, für das er 2007 ausgezeichnet wurde. In seinen mittlerweile zahlreichen Veröffentlichungen schickt er nur noch seine Figuren ins Gefängnis und genießt mit seiner Familie das Leben in Nürnberg.

www.textartelier.de

Bisherige Veröffentlichungen im Gmeiner-Verlag:

Wer mordet schon in Oberbayern? (2015)

LEONHARD F. SEIDL

Django ermittelt in Bayern

30 Rätsel-Krimis

GMEINER SPANNUNG

Personen und Handlung sind frei erfunden.
Ähnlichkeiten mit lebenden oder toten Personen
sind rein zufällig und nicht beabsichtigt.

Besuchen Sie uns im Internet:
www.gmeiner-verlag.de

Im Ehnried 5, 88605 Meßkirch
Telefon 07575/2095-0
info@gmeiner-verlag.de

Lektorat: Sven Lang
Herstellung: Julia Franze
Umschlaggestaltung: U.O.R.G. Lutz Eberle, Stuttgart
unter Verwendung eines Fotos von: © Wieselpixx – Fotolia.com
Druck: Libri Plureos GmbH, Friedensallee 273, 22763 Hamburg
Printed in Germany
ISBN 978-3-8392-1789-4

DER ANFANG VOM ENDE – MURNAU-KRIMI

Wie der Kugler Lois jung war, da hat's noch ein Testbild im Zweiten, einen Pumuckl auf Schallplatten und einen Zivildienst gegeben. Und in seiner Wohnung einen riesigen Verhau. Was auch der Anfang vom Ende war. Aber davon später mehr.

Nach der Realschule in Erding wollte der damals 18-jährige Lois raus in die Welt, raus aus Isen. Es ist ihm nicht leicht gefallen, vor allem, weil er ein Jahr zuvor seine Eltern bei einem Flugzeugunglück verloren hat. Die Oma war die Einzige, die er noch gehabt und die ihn gehabt hat. Aber damals war sie auch noch um einiges fitter als heute. Mit ihr hat er im Haus seiner Eltern gewohnt, einem windpockennarbigen alten

Bauernhaus am Ortsrand von Isen. Jetzt liegt's nicht mehr am Ortsrand, weil Isen mittlerweile gewachsen ist; genau wie dem Lois sein Bauch.

Damals haben's zum Lois schon ›Django‹ gesagt, weil er seinen Ledermantel, die Cowboystiefel und den Hut überhaupt nicht mehr ausgezogen hat. Eine Zeit lang hat er sogar noch einen Holzsarg hinter sich hergezogen, genau wie der Franco Nero in dem gleichnamigen Western. Aber das hat er sich bald abgewöhnt, weil er vom Seil wunde Schultern gekriegt hat, und der Renner Anton vom Dorfener Anzeiger schon vor der Haustüre gestanden ist, um einen Artikel über ihn zu schreiben.

Kurz nachdem er seinen Zivildienst in der Unfallchirurgie in Murnau angefangen hat, ist ihm die Maria über den Weg gelaufen. Es war Liebe auf den ersten Blick. Zumindest für den Lois. Die schwarzen Haare, die dunklen Augen, er hat gar nicht mehr wegschauen können, was der Maria ein bisserl unangenehm war. Genau wie sein komischer Aufzug. Weil am Tegernsee, wo sie her war, hat's zwar Trachtler gegeben, aber keine Cowboys. Und als Kind war sie schon immer lieber die Indianerin gewesen. Bei der Mondscheinfahrt auf dem Staffelsee hat sie der Lois dann als erster Mann zum Tanzen aufgefordert. Worauf ihr Herz samt ihre

Füße Rock 'n' Roll getanzt haben. Was danach passiert ist, das bleibt den beiden ihr Geheimnis.

Man kann sagen, der Lois war seit Langem mal wieder richtig glücklich. Nach dem Dienst in der Klinik hat die Welt nur ihm und seiner Maria gehört: der See, die Berge und der weiß-blaue Himmel. Weil der Lois aber auch noch schlafen hat müssen – er braucht mehr Schlaf als die meisten Menschen –, ist er nicht dazugekommen, seine winzige Zivibude aufzuräumen, was der Maria ziemlich gestunken hat.

Und jetzt steht er da, der Lois, vor der Tür von seiner Wohnung. Wie er zum Frühdienst gegangen ist, hat die Maria noch geschlafen, weil's gestern wieder einmal tanzen waren.

Der Lois macht also die Tür auf und sofort kommt ihm ein Schwarm Obstfliegen entgegen, und riechen tut's auch nicht besonders gut. Schnell macht er die Tür hinter sich zu, da seine Nachbarn ja nicht unbedingt etwas von dem naturwissenschaftlichen Experiment mitbekommen sollen. Die Küche mit dem dreckigen Geschirr von der ganzen letzten Woche lässt er links liegen und steigt über den Berg Wäsche. Er will sich einfach nur noch zu Maria legen und ratzen. Aber Maria ist nicht da. Auf dem Tisch, wo heute Morgen, zwischen einem überfüllten Aschenbecher und Bierdosen, ein drei Tage alter Salat stand, liegt ein Zettel. Es ist Marias Schrift. »Sacklzement!«, flucht er, weil er die Kaffeetasse umgeschmissen und die schwarze Brühe über den Zettel verteilt hat. Deswegen kann er jetzt auch nicht mehr alles lesen: »Jetzt ist endgültig Schluss. Hier verschimmelt man ja. Ich bin weg. Für immer. Dein S.« Dein S.? Hat sich sein Sternschnuppsi verschrieben, weil sie so sauer war?

Sein Herz beginnt, mit seinem Kopfschmerz um die Wette zu hämmern. In der letzten Zeit haben sie sich öfter gestritten. Wegen der Unordnung in seinem Zimmer und weil er einer Kollegin angeblich schöne Augen gemacht hat. Die Oma hat ihn gewarnt, wie er es ihr am Telefon erzählt hat, dass das einmal ein böses Ende nehmen wird mit seinem Saustall und dem Dschambsderergehabe. Aber dass die Monika einfach ohne ein Wort abhaut, damit hat er nicht gerechnet. Django reicht's jetzt auch endgültig. So hat sein Leben keinen Sinn mehr. Er wird es beenden, wie es sich für einen Cowboy gehört. Also langt er nach seiner Pistole, seinem Deringer. Tauscht seine Jesuslatschen gegen die Cowboystiefel und den Kasack gegen den Ledermantel und den Hut. Jetzt ist er bereit für das Ende. Das Wasser wird der Henker sein.

Er liefert sich der brütenden Hitze des Sommertages aus. Geht zum See hinunter. Ruft sich noch einmal die unvergesslichen Momente mit seiner Maria in Erinnerung. Wie sie in der Nacht nackt im See gebadet und miteinander eine Weißwurst gezuzelt haben; jeder an einem anderen Ende. Dann steht er am Ufer. Schaut aufs Wasser. Die kleinen Wellen ähneln klagenden Mündern. Wie der Mund von Maria. Für deren Worte seine Ohren taub waren.

Schließlich dreht er sich um und geht. Lässt das Seeufer hinter sich. Kauft von seinem letzten Geld Putzmittel. Zuhause wartet Maria schon auf ihn. Fällt ihm um den Hals und erzählt Tränen lachend, was auf dem Zettel stand.

Was stand auf dem Zettel?

Lösung: 1. Rätsel-Krimi

»Jetzt ist endgültig Schluss. Hier verschimmelt man ja. Ich bin weg. Für immer. Dein Salat.«

TREIBWILD – DACHAU-KRIMI

Der Lois sitzt mit der Oma beim Wirt z'Dachau und verdruckt gerade einen Knödel. Urlaub machen s' vom stressigen Detektivalltag. Da schreit der Treibel den Endres an, dass der seinen Bierdunst riechen kann: »Lass die Finger von unserm Wald! Nur damit du und deine Freunderl die Viecher wie bei einem Computerspiel abschießen könnt, braucht's nicht den ganzen Wald kaputtmachen.«

Gestern schon haben sich die beiden beim Wirt gestritten. Der Jäger Endres möcht möglichst viel Wild im Wald haben. Und der Naturschützer Treibel möglichst wenig, weil das die Bäume zerbeißt. Aber weil der Stadtrat Endres am längeren Hebel sitzt, hat der Treibel bis jetzt immer den Kürzeren gezogen. Bis jetzt.

Der Endres lässt sich davon nicht beeindrucken, schaut nicht einmal von seinen Karten auf. Seelenruhig sagt er: »Eigentlich würde ich dich ja mögen, Treibel. Wennst nicht so ein grüner Gschwoischädl wärst.«

Das ist dem Treibel jetzt endgültig zu viel. Er langt dem Endres eine, dass der ganze Wirt aufhorcht und die Oma den Kopf schüttelt.

Am nächsten Tag in der Früh spaziert der Lois allein durch die Dachauer Amperauen. Er braucht ein bisserl seine Ruhe, weil er die Maria so vermisst. Die Sonne wacht gerade auf. Es riecht nach Wald und Wasser. Dampf steigt auf.

Aus der Ferne hört der Django Hunde bellen und kurz darauf Jagdhornbläser. »Hört sich ganz so an, als würde da gerade eine Treibjagd eröffnet werden«, denkt er sich ganz richtig.

Der Django treibt sich trotzdem den ganzen Tag in den Amperauen herum, er braucht das manchmal. Wird ihn schon keiner abschießen. Ein Schuss ertönt. Der Django duckt sich, kriegt ein komisches Gefühl und langt nach seinem Deringer. Da sieht er den Endres hinter einem Baum, wie er sich ans Herz greift. Und umfällt.

»Jagen ist also nicht nur für die Viecher gefährlich«,

denkt Django, wie der tote Endres mit einem blauen Auge vor ihm liegt. Aber noch bevor er seinen Gedanken zu Ende bringen kann, stehen zwei Jäger in Warnwesten vor ihm. Im Spalier haben sie ein rothaariges Manderl mit hängendem Kopf; den Treibel.

»Das ist jetzt aber kein Fasan«, sagt Django und schaut die beiden fragend an.

»Das ist der Treibel. Ein Grüner«, sagt der mit dem aufgeschwemmten Gesicht.

»Aha«, sagt der Django in Cowboymanier, schiebt sich einen Kautabak in den Mund und wartet.

»Von dem hat der Endres das blaue Aug'«, sagt der andere mit der Brille.

»Und warum sollte er den Endres erschossen haben?«

»Weil er sich immer wieder mit dem Endres gestritten hat. Angeblich, weil das viele Wild die Bäume kaputtmacht.«

»Und macht's das?«, hakt Django nach.

»Scho«, sagt der mit der Brille. Dadrauf lässt der Aufgschwemmte den Treibel kurz los, haut seinem Jägerkollegen eine auf den Hinterkopf und sagt: »So ein Krampf. Nur wenn's zu viele sind.«

»Und sind's das?«

»Nach der Jagd nimmer«, sagt der Aufgschwemmte.

Jetzt wird's dem Django zu blöd und geht mit dem Treibel ein paar Schritte, die Hände an seinem Deringer, falls er strawanzen gehen würd.

»Stimmt das, was die gesagt haben?«

»Erschossen hab ich ihn nicht.«

Da brettern auch schon die Schandi mit Blaulicht in den Waldweg. Weil der Treibel kein Alibi hat, bringen sie ihn auf die Wache.

Django überlässt den Sheriffs die Suche nach dem Endres seine Mörder. Er steigt lieber auf einen Jägerstand. Schaut über die Bäume bis zur Amper. »Von wo aus der Treibel wohl geschossen hat?« Er geht zum Ufer. Ein Vogel zwitschert. Deswegen hört er auch den Jäger nicht kommen.

»Florian Sachs«, stellt der sich vor. »Ich habe da was gesehen.«

»Und was bitte?«, sagt Django ungeduldig.

»Wissen S'. Eigentlich ist mir das unangenehm. Aber ich habe gesehen, wie der Braun geschossen hat, nachdem das Signal ›Treiber in den Kessel‹ geblasen worden war. Also nachdem er aufhören hätt müssen, in die Richtung zu schießen, aus der der Endres gekommen ist. Er hat's aber g'macht.«

»Und können Sie sich vorstellen, warum er das g'macht hat?«

Der Sachs fährt sich fahrig an die Nase. Steckt die Hände in die Hosentasche und spielt darin herum. Da fällt dem Django was auf. Er sagt aber erst einmal nix.

»Wissen S', der Braun war scharf auf den Vorsitz vom Jagdschutz- und Jägerverein.«

»Wenn das kein Grund ist«, murmelt Django und linst wieder auf die Amper.

»Und der Endres, Gott hab ihn selig«, sagt der Sachs und bekreuzigt sich, »war doch unser Vorsitzender.«

»Sind Sie eigentlich auf irgendwas scharf?« Der Sachs schaut wie ein Schweiberl, wenn's blitzt. »Weil's die ganze Zeit Taschenbillard spielen.«

»Und wie der auf was scharf ist«, sagt der Jäger mit der Brille, der gerade zu ihnen gestoßen ist. »Auf den Endres seine Frau, die jetzt die Lebensversicherung von ihrem Mann kriegt. Und auf den Posten als Vorsitzender vom Verein.«

Der Sachs hebt die Hände abwehrend in die Höhe.

»Räumens doch mal bitte Ihre Taschen aus«, sagt Django bestimmt und langt nach seinem Colt am Gürtel.

Was glaubt Django, in der Hosentasche vom Sachs zu finden?

Lösung: 2. Rätsel-Krimi

Die Patronenhülse, die aus dem Gewehr stammt, mit welchem der Endres erschossen worden ist.

ABGEHOBEN – ERDINGER-MOOS-KRIMI

Die Oma will gerade losschimpfen, weil sie der Lois wieder einmal viel zu schnell schiebt. So früh am Morgen waffelt es ihr die ganzen Innereien durcheinander. Aber dann deutet sie mit dem Hacklstecker auf den Acker. Und der Django weiß sofort, dass da irgendwas nicht stimmt. Irgendwoher kennt er den zerschundenen Menschen, der da im Erdinger Moos flackt. Allerdings ist das Gesicht dermaßen verdreckt von der dunkelbraunen Erde, dass er einfach nicht draufkommt, wer da an diesem Julimorgen vor seine Füß liegt. Und auch die Blutflecken sieht er erst, als er sich zu ihm hinunterbeugt.

Die Sonne geht am Waldrand auf und dem Django fällt ein, wer das sein könnt. Letzte Woche hat er ihn in der Zeitung gesehen. Da war er nicht weniger dreckig. Eier und Tomaten sind über den geschniegelten Kopf, bis in den Anzug vom Generalsekretär Hauck gelaufen.

Wenn einer den Leuten, die ihn gewählt haben, Haus, Hof und Heimat wegnehmen will, um die dritte Startbahn für den Erdinger Flughafen zu bauen, dann muss er damit rechnen, dass es Ärger gibt. Die im Erdinger Moos sehen nämlich nicht ein, dass wegen so einem Hammel jeden Tag mehrere hundert Flieger quasi durch ihr Wohnzimmer brettern, dass der Schädel nur so brummt. Nur damit ein paar Hanserl mehr auf dem Franz-Josef-Strauß umsteigen und nach Timbuktu, Kampala oder sonst wohin fliegen können. Der Django erschrickt. Hat er sich gerade die Argumente vom Mörder vorgesagt? Um sich wieder auf sein Dasein als Detektiv zu besinnen, schaut er erst einmal zur Sonne, die über den dampfenden Feldern steht. Er holt sein Handy raus, dann sucht er nach dem Artikel über die Demonstration gegen die dritte Startbahn vor der Parteizentrale in München. Keine zwei Sonnenaufgangsmeter später hat er den Artikel gefunden. Der Wexler Kaspar war's. Ein Bauer aus Attaching. Wahrscheinlich hat der den Hauck wirklich gewählt.

Kurz darauf stehen der Django und die Oma vorm Wexler seiner Haustür. Seine erstaunte Frau macht ihnen auf. Der Wexler kommt ein paar Minuten später in die Küche: Um seinen Knödlfriedhof hängt eine blutverschmierte Schürze. Seit fünf Uhr in der Früh ist er am Arbeiten. Sagt er zumindest. »Sau schlachten.«

»Und wo waren sie vorher Herr Wexler?«, fragt der Django.

»Warum wollen S' das eigentlich wissn?«, stellt Wexler die Gegenfrage und umschließt mit seinen Pranken die Tasse mit dem dampfenden Kaffee.

»Max Hauck ist heute Nacht im Erdinger Moos erstochen worden.«

Eine Fliege schwirrt vor Wexlers Gesicht herum. Er grinst kurz und schnappt sich das Viech. Dann wird sein Gesicht wieder ernst. »Und Sie meinen jetzt ich war's? Weil er von mir die Eier ins Gesicht kriegt hat, der …«

»Also, wo waren Sie?«

»Daheim. Im Bett.«

»Irgendwelche Zeugen?«

»Meine Frau. Roswitha, geh mal her!« Wexlers Frau, die ein paar Jahre älter ist als ihr Mann und einen Kropf hat, verschränkt die Arme auf ihrer roten Bluse.

»Frau Wexler, wo war Ihr Mann denn heute Nacht?«

Sie schaut ihren Mann an, der schaut sie an und sie sagt: »Unterwegs. Wahrscheinlich bei seiner Schnalln.«

Worauf der seinen Kaffee über den Tisch spuckt. Weil der Wexler nicht sagt, wo er die Nacht verbracht hat, langt der Django erst nach seinem Revolver, dann nach seinen Handschellen und ruft die Schandi an.

Vorbei am Flughafen, an den unteren Isarauen und über die Isar brettern der Django und die Oma nach Freising: zum Parteikollegen vom Hauck, dem Brunner Michael. Der empfängt sie im Freisinger Rathaus am Marienplatz mit einem Verband an der Hand. Gehört hat er schon vom toten Parteikollegen. Gestern sind s' noch zusammengesessen. Er wollte den Generalsekretär überreden, dass er sich's mit der dritten Startbahn noch einmal überlegt. Weil doch deswegen acht aus der Partei ausgetreten sind. Und er ist ja auch dagegen, nicht nur weil die Attachinger wegen der Tiefflieger nur noch Sonnenschirme aufstellen dürfen, die der Windstärke sechs gewachsen sein müssen. Die anderen würd's nämlich wegblasen. Und es gibt sie doch bloß bis Windstärke fünf.

»Wegen so einer Meinungsverschiedenheit bringt doch keiner einen um«, hirnt der Django, lupft sein Cowboyhut und streckt seine Füße aus. Dabei stößt er gegen einen Sanitätskoffer.

Die Oma und der Django kaufen sie sich einen Coffee to go, der auch zum Davonlaufen schmeckt. Den trinken sie vorm Rathaus, der Bär auf dem Stadtwappen schaut ihnen dabei zu. Da läuft die Frau vom Wexler vorbei und erzählt, dass ihr Mann den Namen seiner Schnalln verraten hat und deswegen ein Alibi hat. »Der Brunner hat uns einen Bären aufgebunden. In der Zeitung hab ich g'lesen, dass er schon lange Generalsekretär werden möcht, aber der Hauck die besseren Chancen hat«, platzt es aus der Oma raus.

Der angehende Generalsekretär ist erstaunt, wie der Django und die Oma noch einmal zurückkommen: »Haben Sie was vergessen?«, fragt er ein bisserl unsicher. »Die Oma hat sich geschnitten und bräuchte ein Pflaster«, lügt Django ganz ungeniert. Die Oma hält ihm ihre faltige Hand hin und säuselt. »Es wäre mir eine Ehre, wenn Sie das machen könnten.«

Was ist der Oma und dem Django aufgefallen?

Lösung: 3. Rätsel-Krimi

Der Sanitätskoffer unter dem Schreibtisch. Weil der Brunner sich wirklich geschnitten hat. Als er mit seinem Kontrahenten gekämpft und ihn im Moos aufgeschlitzt hat.

FISCHERSTECHEN – STARNBERG-KRIMI

Voller Vorfreude nimmt der Django seine Wanderschuhe aus dem Regal. Am Starnberger See will er mit der Oma auf dem König-Ludwig-Weg wandern. Da läutet sein Telefon. Ein alter Schulspezl, der Ferdl, ist es.

»Django, ich hab ein Problem.«

»Aber nicht heute«, stöhnt Django.

»Ein wichtiger Fall. Der Mann hätt morgen beim Fischerstechen sein sollen. Er ist unser Champion.«

Django zieht der knurrenden Oma die Bergschuhe wieder aus, packt sie ins Auto – also Schuh und Oma –, und rast nach Tutzing. Der Ferdl wartet schon vor der Tür auf sie; käsig wie ein Hintern. Was den Django überhaupt nicht mehr wundert, wie er im Wohnzimmer steht. Auf dem Fleckerlteppich liegt eine Tote. Ihre blonden Haare sind blutverklebt wegen einer Wunde am Kopf. Die Oma stupst den Django mit dem Hacklstecker an und deutet auf die Tatwaffe: ein Bügeleisen. An der Wand hängt ein Plakat von der Welttournee der Panzerknacker. Fotos zeigen die riesige Tote, wie sie mit der Gitarre die anderen Bandmitglieder überragt.

Django gähnt und stibitzt der Oma ihren Kaffee. Die haut ihm den Cowboyhut vom Kopf. Wie Django sich hinkniet, um ihn aufzuheben, entdeckt er was unter dem Sessel: ein Plektrum. Mit so einem Plastikplättchen hat er in seiner Jugend eine E-Gitarre misshandelt.

»Die Nachbarin hat G'schrei g'hört. Ein Glatzkopf war da«, sagt der Ferdl. Mit spitzen Fingern schiebt Django das Plektrum in ein Plastiktüterl und geht einen Stock tiefer.

Er muss gar nicht erst läuten. Frau Willmer steht schon in der Tür und linst durch ihre dicken Brillengläser auf den Gang. Nachdem der Django sich vorgestellt hat, kommt er sofort zur Sache. »Frau Willmer. Wer war der Mann, der gestern bei Frau Koch war?«

»Bei den ganzen Männern blickt doch keiner mehr durch.«

Mord aus Eifersucht, kombiniert Django. »Der Mann, der da war, als gestritten worden ist.«

Frau Willmer mahlt mit den Zähnen.

»Sagen Sie mir lieber gleich, wer das war. Oder wollen Sie eine Anzeige wegen Strafvereitelung?« Der Django weiß, dass er sich damit ganz schön weit aus dem Fenster lehnt. Auch, weil er noch nicht einmal die Schandi informiert hat.

»Aber morgen ist doch das Fischerstechen«, winselt die Willmer.

»Und?«

»Der Kurbi ist doch unser Champion! Der muss einfach dabei sein!«

Mit der Oma geht's zum Ufer vom Starnberger See. Da steht das Boot von dem Fischer, der den Kurbi rudern wird. Am Ufer lehnen der brummige Fischer und seine Blosn am Boot.

»Servus. Django, Privatdetektiv. Ich suche den Kurbi Weiss.«

Ein Stumpen mit Glatze schaut den Django an, als wäre er der auferstandene König Ludwig. Dreht sich um. Und rast davon. Django hinterher. Stolpert über ein Paddel. Scheppert der Länge nach hin. Die Blosn brüllt. Die Oma schiebt dem flüchtenden Kurbi den Hacklstecker zwischen die Haxen, aber der hüpft drüber und verschwindet ums Eck.

Django fährt wieder zurück zum Ferdl. Im Auto

dreht er die Musik auf: Rock 'n' Roll. Die Oma belfert, er soll leiser machen. Während seiner ganzen Zeit als Privatdetektiv ist ihm noch kein Verdächtiger entwischt. Und alles nur wegen eines Paddels. Er versucht Kurbis nächsten Schritt vorauszuahnen. Wo würde er sich verstecken? Was bewegt diesen jungen Mann? Logisch! Das morgige Fischerstechen. Django wendet, schaltet einen Gang runter und gibt Gas.

Im Bleicherpark sitzt der Kurbi auf einem Boot. Umringt von seiner Blosn. Wie sie den Django sehen, bildet sich eine Mauer vor ihm. Kurbi will wieder abhauen, da schreit er: »Vergessen Sie's einfach, Herr Weiss! Sie sind umstellt!« Er braucht ja nicht zu wissen, dass der Django nur die Oma abgestellt hat.

Kurbi stoppt und sackt in sich zusammen. Django drückt sich durch die Mauer aus Ruderern und legt dem Verdächtigen sicherheitshalber Handschellen an; begleitet von lautstarken Protesten.

Die setzen sich fort, als der Django den Kurbi im Polizeipräsidium Starnberg abgeliefert hat. Vor der Tür hat sich ein Pulk an Menschen gebildet, die schreien: »Eins, zwei, drei, lasst den Kurbi frei!« Wie die Reporter können sie nur durch Polizisten daran gehindert werden, das Präsidium zu stürmen.

Um ihre Hirne zu lüften, gehen der Django und die

Oma in den Hinterhof. Sie raucht eine, er schiebt sich einen Kautabak in den Mund. Neben der Altpapiertonne liegt eine Zeitung von letzter Woche. ›Panzerknacker unter neuer Besetzung‹ steht da. Django überfliegt ihn. Holt sich an der Pforte das Telefonbuch. Brettert wieder davon mit der Oma.

Zurück in Tutzing hört Django Gitarrenklänge aus der Wohnung. Erst als er den Finger nicht mehr von der Klingel nimmt, macht der Buchholz auf: ein riesiger, glatzköpfiger Mann.

»Herr Buchholz. Ich habe hier was für Sie.« Django hält ihm das Plektrum vor die Nase.

Was ist dem Django aufgefallen?

Lösung: 4. Rätsel-Krimi

Frau Willmer hat Buchholz wegen der Glatze mit dem Kurbi verwechselt. Kurbi kann aber nicht der Mörder sein, weil er zu klein ist. Buchholz war neidisch auf Ella Koch, die an seiner Stelle bei den Panzerknackern aufgenommen worden war.

SINNFLUT – ERDING-KRIMI

Die Sonne brennt auf die Oma und den Django runter, die gerade über das Erdinger Sinnflut Festival spazieren. Sie können sich einfach nicht entscheiden, was es zum Mittagessen geben soll, weil's überall so pfundig riecht. Da entdeckt der Django seinen alten Schulspezl Arnold, der ausschaut wie ein Gratler. Fast hätt er ihn nicht wiedererkannt. Er hat ihn zwar seit ihrer Zeit auf der Herzog-Tassilo-Realschule nimmer gesehen, aber dass sich ein Mensch so verändern kann … Früher hat der Arnold zu den Coolen gehört. Er war der Erste, der einen Bart, eine Freundin gehabt und geschnackselt hat; hat er zumindest behauptet. Seine Freundin hat unter ›schnackseln‹ wohl etwas anderes verstanden als er, was dem Django ihre Freundin

Moni erzählt, er aber Arnold nicht erzählt hat, weil der Django weniger cool war als der Arnold. Arnold war auch der Erste, der Hasch besorgen hat können, und der Erste, der damit erwischt worden ist.

Jetzt sitzt er allein auf einer Bierbank. Daneben steht ein Kinderwagen. Früher waren der Django und er unzertrennlich gewesen. Aber dann ist der Arnold mit Rucksack und Dreadlocks bewaffnet nach Indien getingelt, um auch da zu den Coolen zu gehören. So fertig, wie er jetzt ausschaut, haben sie ihn da wieder mit Hasch gecasht und er hat den indischen Knast kennenlernen dürfen.

Zögerlich schiebt der Django die Oma an einen Nebentisch und zieht seinen Cowboyhut tiefer ins Gesicht. Von dort aus kann er den Arnold gut beobachten, er wiederum kann sie nicht sehen. Die Bedienung kommt, die Oma bestellt sich ein Radler, der Django ein Bier. Der Arnold sitzt mit hängenden Schultern da. Blauschwarze Augenringe bis zu den Knien, ein Auge grün-gelb, ein dicker Kratzer auf der Wange und ein Neun-Tage-Bart haben sein Gesicht fast zu einer Art Kunstwerk gemacht. Tät er nicht so erbärmlich ausschauen. Seine Haare sind strähnig, glänzen vor Fett, dicke Schuppen oder etwas anderes Undefinierbares nistet darin. Und da ist noch was: länglich, dunkelbraun. Django muss noch einmal genauer hinschauen, um auch wirklich sicherzugehen; ja, in Arnolds Haaren hängt eine Nudel, der Farbe nach zu urteilen, eine Vollkornnudel. Eine, von denen der Django immer Blähungen kriegt. Gesundheitsbewusst scheint der Arnold ja zu sein, was man ihm allerdings nicht ansieht. Mit seiner zittrigen Hand nimmt er einen Schluck Bier, verschüttet einen Teil und wischt es gleich darauf mit einem übergroßen Stofftaschentuch auf. Dann schiebt er sich fahrig einen Löffel von seinem Essen in den Mund, das ausschaut, als wär's indisch und brutal scharf. Noch bevor er geschluckt hat, schiebt er sich einen weiteren Löffel nach und gleich noch einen, bis er irgendwann mit mahlenden Zähnen und aufgeplusterten Backen dasitzt. Der Schweiß läuft ihm über das brutal rote Gesicht, er wischt es sich mit dem Stofftaschentuch ab. Fahrig schaut er sich um, als würden jeden Moment diejenigen vor ihm stehen, die ihm das alles angetan haben. Immer wenn jemand vorbeigeht, zuckt der Arnold zusammen. Einmal schlendert eine kleine blonde Frau vorbei. Arnold sieht sie, schrumpft auf Zwergengröße und versteckt den Teller mit dem indischen Curry unter dem Tisch: Lautstark fallen Essen und Geschirr auf den Boden. Nervös klaubt er den Reis mit den Händen auf und stopft ihn gierig in den Mund. Bei der nächsten Frau, die vorbeigeht, eine große Brünette verfällt er in eine Art geifernde Schockstarre: Sein Blick klebt an ihr. Er mustert sie von oben bis unten. Django glaubt sogar, Speichel aus seinem Mundwinkel laufen zu sehen. Zwischendurch schaut der Arnold auf den Platz neben sich, der leer ist, streckt den Kopf schildkrötenartig nach vorn, murmelt etwas, was der Django nicht versteht, und lacht sogar einmal laut auf. Bis wieder eine blonde Frau vorbeigeht. Arnold trinkt gerade aus seinem Maßkrug, zuckt zusammen, der Maßkrug fliegt auf den Boden und zerbricht. Eine Bedienung kommt dahergerannt und wischt die Sauerei auf.

»So kann's gehen«, sagt die Oma als wär's das Normalste von der Welt, dass jemand so fertig ist wie der Arnold.

»Ich bin froh, dass ich früher nicht so viel gekifft habe«, sagt der Django leise. »Mit Kiffen hat das gar nix zu tun. Bei dir ist es mir genauso ergangen. Geh doch mal hin und hilf ihm«, drängt die Oma. Also geht der Django zu ihm rüber. Nimmt seinen Cowboyhut runter und sagt: »Servus Arnold, wie geht's dir denn so?« Der schaut ihn an, als tät Mahatma Ghandi vor ihm stehen und mit dem Krishna schmusen. Dann rückt der Arnold seinen Teller mit dem indischen

Curry vom Django weg. Daneben liegt eine Rassel und ein Lätzchen. Sein Pulli hat auf Brusthöhe weiße Schlieren. Aus der Nähe betrachtet schaut er noch elendiger aus.

»Kann ich mich hinsetzen?«

Er sagt immer noch nichts, nickt verlegen.

»Ich bin's, der Django.«

»Ich bin's, Arnold, und das ist …«

Wer sitzt neben Arnold?

Lösung: 5. Rätsel-Krimi

Arnolds Baby sitzt neben ihm. Von ihm sind auch die Schlieren, die Augenringe und Kratzer. Seine Frau darf zurzeit nix scharfes Essen, weil sie stillt, weswegen der Arnold es heimlich macht.

DRECKSVERWANDTSCHAFT – ISEN-KRIMI

»Dreimal darfst raten, wer dran ist?«, säuselt die Stimme am anderen Ende der Leitung. Die grauhaarige Luisa Piller dreht ihr Hörgerät höher. Dann lässt sie sich in ihren Ohrenbackensessel fallen, im Hochhaus, in der Göttnerstraße in Isen. In ihrer Wohnung schaut es aus, als wären alle drei Enkelkinder auf einmal eingefallen und hätten nach was Süßem gefahndet. Aber Luisa hat nur ihre Brille gesucht, und nicht gefunden. »Alfred!«, juchzt Luisa vor Freud, »erst gestern hab ich an dich denken müssen!« Sofort sieht sie den blonden Lockenkopf von ihrem Enkel vor sich, wie er seine Schwester und den Badezimmerspiegel mit Creme in ein Kunstwerk verwandelt hat. »Wie geht's dir denn? Magst morgen zum Frühstück vorbeikommen?«

»Oma, ich würd gerne heute schon kommen, wenn's sich einrichten lässt«, drängelt der Enkel, der sich gar nicht gut anhört.

»Was feit denn?«, fragt die Oma besorgt.

»Ich hab Krebs und nur eine teure Operation kann mir noch helfen.«

Bestürzt fährt sie sich durch die Haare und langt sich an ihr Herz. »Wie viel brauchst denn?«

»10.000 Euro.«

Die Seniorin schnauft laut aus und überlegt. »Kein Problem Alfred. Ich geh gleich in Ort zur Bank und heb das Geld ab.« Dann hat sie noch eine Idee. »Kommst zum Mittagessen? Dann mach ich Reiberdatschi. Die magst doch so gern.« Auch wenn der Alfred von den Reiberdatschi nicht gesund wird, guttun werden sie ihm trotzdem.

»Super! Bis später Oma«, freut sich ihr Enkel.

Super. So hat der Alfred früher nie geredet. Die Jugend halt. Daran merkt man, dass man alt wird.

Zurück von der Bank schaltet Luisa Bayern 2 an. ›Die Polizei warnt vor Betrügern, die mit dem sogenannten Enkeltrick …‹, hört sie aus dem Radio. »So ein Sauhund, das war gar nicht der Alfred. Dir werd ich's zeig'n«, schimpft sie und ballt ihre faltige Faust.

Sie nimmt das Pfefferspray aus ihrer Handtasche, das Nudelholz aus dem Küchenschrank und deponiert beides auf dem Telefonkastl neben dem Eingang. Dann ruft sie beim Django an.

»Du Django, da ist die Luisa Piller!«

»Was gibt's denn?«, krächzt der.

»Was ist denn mit dir los, bist krank?«

»Krank bin ich nicht. Aber beim Waldfest waren die Oma und ich gestern. Ein bisserl zu lang.«

»Das hört man. Du, ich glaub, ein Betrüger hat bei mir angerufen und sich als mein Enkel ausgegeben. 10.000 Euro braucht er.«

»Die brauch ich auch«, frotzelt der Django.

»Ich find das aber gar nicht lustig. Weil, jetzt will er vorbeikommen. Die nächsten paar Minuten dürft er da sein.«

Django stöhnt laut auf. »Mach die Tür nicht auf, Luisa! Der ist wahrscheinlich gefährlich. Ich bin gleich bei dir.« Genau wie der Betrüger.

Ihre Brille hat die Luisa immer noch nicht gefunden. Beim Django und der Oma dauert es aber länger als gedacht, weil sie keinen Kater, sondern einen Löwen haben. Gestern waren's einfach zu viele Maß beim Waldfest. In der Hitzen ist es im Wald am schönsten und man ist halt durstig. Und heute wummern ihre

Schädel, dass es keine wahre Freud ist. Außerdem hat die Oma in ihrem Suri ihren Hacklstecker ins Aquarium gestellt, was sie heute natürlich nicht mehr weiß.

Nur ein paar Kilometer entfernt fällt der Luisa ein, dass sie noch Seil und Klebeband zum Fesseln braucht. Obwohl sie fast nichts sieht, findet sie es in ihrem Verhau. Wie sie es zu den anderen Sachen gelegt hat, klingelt's. Luisa zwickt ihre Augen zusammen. Durch den Spion erkennt sie, dass da auf keinen Fall ihr Enkel Alfred vor der Tür steht. Ihr Herz bumbert immer schneller. Ihr wird auf einmal ganz schwindelig. Der Mann hat zwar genauso einen Ranzen wie der Alfred, aber seine Haare sind hellblond, fast ein bisserl rot und nimmer viel. Mit der rechten Hand nimmt sie das Nudelholz, öffnet blitzschnell die Tür und greift mit der linken nach dem Pfefferspray. Beides versteckt sie hinter ihrem Rücken. Noch bevor der Hallodri etwas sagen kann, schreit Luisa: »Du verzinkta Hund!«, donnert das Nudelholz auf seinen Kopf und verpasst ihm eine fette Ladung Pfefferspray. Dann zieht sie ihn in die Wohnung, fesselt den Ohnmächtigen und pappt ihm den Mund zu. Da klingelt es wieder. Luisa macht auf. Eine Hand packt ihren Arm, dreht ihn auf den Rücken. So schnell kann sie gar nicht schauen, schon sitzt sie gefesselt da. Der blond gelockte Gauner braucht trotz des Saustalls nicht lange, um die 10.000 Euro zu finden. In der Tür dreht er sich noch einmal um und grinst hämisch. Dann fällt er um wie ein Sack Reis in China.

Wen hat Luisa umgehauen? Und wer den Trickbetrüger?

Lösung: 6. Rätsel-Krimi

Luisa hat den Django umgehauen und die Oma vom Django hat den falschen Enkel mit ihrem berühmt berüchtigten Hackstecker niedergestreckt.

BLUTIGER BODEN – ISENTAL-KRIMI

»Mit dir bin i noch lang net fertig!«, schreit der Meixner, springt auf und haut die Karten auf den Biertisch im Zelt vom Dorfener Volksfest.

Die Oma sitzt einen Tisch weiter und stupst den Lois an, der gerade einen Käs aufspießt.

»Was regst dich denn so auf?«, fragt der Schubert, das Viech, seelenruhig und nimmt erst einmal einen Schluck von seiner Maß.

Der Meixner das Grischberl geht zu ihm rüber. Bückt sich, bis er mit seinem Zinken ganz nah an dem Gesicht vom Schubert dran ist. »Wenn du deine dreckigen Finger net von meiner Frau lasst, dann brech ich dir dein Genick«, sagt er, nimmt den Zahnstocher aus dem Mund und zerbricht ihn.

Plötzlich steht der Emig hinter ihm und brüllt, dass man die Blasmusik nicht mehr versteht: »Lasst du den Schubert in Ruhe!«

Weil der Meixner weiß, dass er gegen das Stiergnack vom Emig keine Chance hat, dreht er sich um und geht. Der Emig setzt sich neben den Schubert. Der schaut ihn an wie eine Schwalbe, wenn's blitzt. Bis jetzt hat er immer gemeint, der Emig hat ein Problem mit ihm, weil er seinen Hof nicht an ihn verkaufen will. Als ob er nicht schon genug Probleme hätte, weil er aufgeben muss wegen der neuen Melkanlage und dem niedrigen Milchpreis. Immerhin kriegt er für seinen Hof ein gutes Geld. Weil durch die Isentalautobahn und die Biogasler die Grundstückspreise so horrend sind wie noch nie. Aber dem Schubert, der auf seinem Hof eine Tierfabrik hinstellen will, verkauft er auf keinen Fall.

Auch der Meixner wundert sich. Er sitzt in seiner Stube im Isental und wartet auf seine Frau, die Vroni. Weil sie nicht kommt, überlegt er, ob er nicht noch mal auf eine Maß aufs Volksfest fahren soll. Aber da will er eigentlich nimmer hin. Sonst macht er vielleicht noch was, was er später bereut. Eine Vorstrafe wegen

Körperverletzung reicht. Hat ihm der Emig doch glatt gesteckt, dass der Schubert der Hallodri seine Vroni schnackselt. Eigentlich müsste sie schon lange wieder da sein, von der Damengymnastik in der Hauptschule in Oberdorfen. Vielleicht hat der Emig ja doch recht …

Wie er dann so schnaufend mit dem Radl beim Schubert seinem Hof kurz vor Watzling ankommt, sieht er wirklich die Vroni im Fenster. Fast hätte es ihn vor Schreck über den Lenker gelassen. Er schmeißt sein Rad in den Graben und schleicht zum Hof. Und kann nicht glauben, was er sieht. Ganz genau sieht er's nicht, aber es schaut so aus, als … Er kocht vor Wut, richtet sich auf und stolpert über einen Eimer, dass es nur so kracht.

Ein paar Minuten später liegt der Schubert hinterm Hof. Mit gebrochenem Genick. Und dem Lois sein Telefon klingelt, weil die Vroni weiß, dass der Django Privatdetektiv ist. Mit der Oma brettert er, so schnell es geht, zum Schubert seinen Hof, lässt sogar die halbe Maß stehen.

»Es hat gekracht, dann sind der Schubert und ich raus. Jeder in eine andere Richtung. Und dann ist der Schubert tot dagelegen«, trenzt die Vroni.

»Ich war schon draußen«, sagt ihr Mann, der Meixner, »hab ihn aber erst g'sehen, wie er schon tot war.«

»Und was wolltest du da?«, fragt der Django den Meixner.

Beide sagen nix. Schauen sich nur gegenseitig an.

»Jetzt red scho«, schimpft die Oma aus dem Rollstuhl und hilft beim Meixner mit dem Hacklstecker ein bisserl nach.

Trotzdem macht die Vroni als Erste den Mund auf: »Also … ich wollt noch einmal mit ihm redn.« Dann fängt sie wieder zum Weinen an.

»Redn nennt man das jetzt also«, sagt Ihr Mann grantig.

»Dass ihr Mannsbilder immer nur an das eine denkt?«, sagt sie mindestens genauso grantig und schnäuzt sich.

»Komm gehen wir ein paar Schritte, Meixner«, sagt der Django, weil die Vroni ja nicht alles mitzukriegen braucht. »Du meinst also, dass die Vroni dem Schubert sein Gspusi war?« Der Meixner nimmt seinen Hut vom Kopf, spielt mit dem Hanfschnürl und setzt ihn wieder auf. »Der Emig hat's g'sagt, heut, beim Volksfest.« Das ist schlecht für den Meixner. Weil der Django natürlich weiß, dass Eifersucht ein häufiges Mordmotiv ist. Deswegen müsst er jetzt eigentlich die Schande anrufen.

»So ein Schmarrn«, sagt die Vroni stinksauer, wie sie alleine mit der Oma auf der Bank hinterm Hof sitzt.

»Ich wollt den Schubert nur fragen, ob er seinen Hof wirklich verkaufen will.«

»Und was wäre wenn?«

»Dann hätt wieder einer aufgegeben«, sagt die Vroni leise.

Der Lois hat zwischenzeitlich den Emig angerufen und telefoniert auch noch gleich mit dem Sohn vom Schubert. Lange dauert es nicht, bis der Emig mit seinem Angeberauto auf den Hof fährt und erzählt: »Der Meixner hat g'sagt, dass er dem Schubert das Genick brechen wird, wenn er seine Frau nicht in Ruh, lässt.«

»Ja, das habe ich auch gehört«, flüstert der Django und lupft seinen Cowboyhut nach oben, um gleich darauf nach seinem Revolver zu langen. Bis die Schandi kommt, muss er den Mörder unter Kontrolle halten. »Ich hab übrigens mit seinem Sohn telefoniert, dem es egal ist, was man auf den Hof von seinem Vater stellt. Hauptsache der Preis stimmt.«

Wer hat den Schubert ermordet?

Lösung: 7. Rätsel-Krimi

Der Emig. Weil ein Grischberl wie der Meixner kein Viech wie dem Schubert das Genick brechen kann. Aber der Emig mit seinem Stiernack schon.

SPÄTE RACHE – EBERSBERG-KRIMI

Weil's mit der Wanderung auf dem König-Ludwig-Weg nicht hingehauen hat, sind die Oma und der Lois heute am Klostersee bei Ebersberg unterwegs. Der Wind tut dem Lois gut. Die Oma ist zwar ein Grisperl, aber der Rollstuhl muss auch geschoben werden, weswegen er richtig ins Schwitzen kommt. Er freut sich schon, auf den Aussichtsturm zu steigen und das Panorama auf die Rocky Mountains zu genießen, die eigentlich die Alpen sind.

Wie sie am Aussichtsturm ankommen, fällt plötzlich einer vor ihnen runter und schlägt krachend auf dem Boden auf. Die Oma schreit, der Django weiß erst einmal gar nicht, was er machen soll. Er hat als Privatdetektiv zwar schon viel erlebt, aber so was noch nicht. Da steigt einer runter, der ein bisserl ausschaut wie der Frankenstein: groß, breitschultrig, mit einem eckigen Betonschädel auf dem Hals. Hinter ihm her eine Frau. »Mörder! Warum haben Sie das getan?«, brüllt sie und schlägt auf ihn ein. Der Frankenstein wehrt die Schläge ab, die auf ihn eintrommeln, bis die Frau trenzend vor ihm zusammenbricht.

Der Frankenstein haut ab, noch bevor der Django oder die Oma ihn mit ihrem Hacklstecker aufhalten können. Weswegen der Django umgehend die Schandi informiert.

»Frau Oppelt, die Frau des Opfers, ist im Krankenhaus«, erzählt ihnen ein Polizist später. »Sie hat einen Schock erlitten und behauptet, ein Dr. Heinrichshausen hat ihren Mann heruntergestoßen. Die Kollegen sind schon ausgeschwärmt. Und ein Herr Lukas Stepan sagt dasselbe wie die Witwe.«

Herr Stepan ist ein hagerer Mann Ende 50. Ganz derangiert schaut er auf den Toten und sagt leise: »Herr Oppelt war mit seiner Frau Gast in unserem Haus.«

»Haben sie sich gestritten?«, fragt Django.

»Die beiden waren Stammgäste. Streitereien habe ich nie mitbekommen.«

Da meldet ein Beamter, dass Dr. Heinrichshausen gefasst worden ist. Der verteidigt sich, als er vor ihnen steht. »Aber sie war es doch, die den Mann vom Turm gestoßen hat.«

»Es gibt noch einen weiteren Zeugen, der gesehen hat, wie Sie die Tat begangen haben«, sagt der Polizist. »Sie sind vorläufig festgenommen wegen des Mordes an Norbert Oppelt.«

Weil's der Django und die Oma nicht glauben können, fahren sie zu Frida Oppelt ins Gästehaus.

»Furchtbar«, sagt sie. »10 Jahre sind wir verheiratet und seit sechs Jahren kommen wir hierher.«

»Und das ist Ihre Tochter?« Django deutet auf den Bilderrahmen, aus dem ein kleines Mädel lacht.

»Das war unsere Tochter. Sie ist aufgrund eines Behandlungsfehlers gestorben … Sie war erst vier Jahre alt und hatte noch so viel vor sich.«

Die Oma gibt ihr ein frisches Taschentuch. Da sieht der Django einen lila Fleck an ihrem Hals und denkt: »Aha.«

»Nach einer Operation hat sie versehentlich eine Glukose-Infusion erhalten. Die Dosis war viel zu hoch. Darauf ist sie ins Koma gefallen und gestorben.« Frida Oppelt bricht in Djangos Armen zusammen.

Später erzählt die fesche Chefin des Gästehauses,

dass Herr Oppelt jedes Jahr mit mehr Gewicht gekommen ist. »Frau Oppelt, die Frida, hat einmal zu mir g'sagt, dass er immer sagt, wo's lang geht. Immer. Wenn S' wissen, was ich meine.«

Die Oma schaut den Django an, beide sagen nix. Sie gehen lieber zu Stepans Chef, einem gwamberten Uhu. »Stepan hat sich nach dem zweiwöchigen Aufenthalt der Oppelts immer eine Woche Urlaub nehmen müssen, weil er sich so verausgabt hat.« Er zwinkert. »Wenn die Oppelts da waren, hat er sogar auf seine montägliche Wanderung um den Egglburger See verzichtet.«

Wie Django das Pressearchiv des Münchner Merkur durchsucht, weiß er gleich, wer Frida Oppelts Tochter behandelt hat: Dr. Heinrichshausen.

»Aber warum hat die Oppelt das nicht gesagt?«, überlegt die Oma.

Da hat der Django eine Idee. »Jetzt habe ich doch glatt mein Handy am Ladekabel hängen lassen«, sagt er im Eingangsbereich des Gästehauses zum Stepan und klopft die Taschen seines Ledermantels ab.

»Hier, nehmen Sie meins«, sagt Stepan in loyalem Pagen-Ton.

Django durchsucht Stepans SMS, während der sich mit der Oma über Verstopfung unterhält. Plötzlich schleicht Frida Oppelt den Gang herunter. »Da schau her«, sagt Django und schaut vom Handy auf. »Sie beiden kennen sich wohl etwas näher?« Frida Oppelt wird rot. »Heinrichshausen kommt am 27. Januar. In Liebe Lukas«, liest Django vom Handy ab. Stepan lässt sich auf einen Stuhl fallen. »Heinrichshausen geht jetzt los. Dein Diener«, liest er weiter.

Frida Oppelt stützt sich an der Wand ab. »Das Schwein hat meine Tochter«, bricht es aus ihr heraus.

»Ach, Frida«, unterbricht sie Stepan und geht zu ihr hin.

»Und Sie haben gleich zwei Schmeißfliegen mit einer Klappe beseitigen wollen: den Mörder Ihrer Tochter und Ihren groben Mann.«

Wie ist der Django darauf gekommen, dass Stepan und Frida Oppelt die Tat gemeinschaftlich geplant haben?

Lösung: 8. Rätsel-Krimi

Durch den Knutschflecken an Frida Oppelts Hals.

ABGEWÜRGT – GARMISCH-PARTENKIRCHEN-KRIMI

In Lois seinem Kopf röhrt's, als würde er auf einem Hubschrauberlandeplatz schlafen. Aber er liegt in seinem Bett. Und das Telefon klingelt.

Wie er auflegt, ist er immer noch ganz damisch. Sein Onkel aus Garmisch tot? Sie vermuten, dass es was mit dem Hubschrauberlandeplatz im Loisachtal zu tun hat, weil der Xaver sich auch dagegen gewehrt hat.

Am geplanten Hubschrauberlandeplatz wuselt schon die Spusi herum. Die Oma lenkt die Beamten ab, indem sie ihnen erzählt, dass ihre Hühneraugen Auslauf brauchen. Der Django nutzt die Gelegenheit und schiebt sich unter dem Absperrband durch. Dann steht er vor seinem Onkel. Muss sich zusammenreißen. Er hört, wie einer von der Spusi sagt: »Der Tote hat ein Würgemal. Dabei haben die Fingernägel Haut abgeschürft. Vor ungefähr fünf Stunden. Zuletzt hat der Tote mit einem Heribert Nüchterlein telefoniert, der den Garmischern mit seinem Landeplatz 750 Flugbewegungen im Jahr aufpressen und die Ruhe stehlen will. Durch seinen Helikopterservice.«

Dem Django krampft's vor Wut den Magen zusammen. Er brettert mit der Oma durch Garmisch, die Berg um sie herum, zum Nüchterlein. Der war die ganze Nacht im Bett, mit seiner Frau. Telefoniert hat er um die Uhrzeit auch nimmer. Aber sein Mitarbeiter der Harno Zweig hat Überstunden gemacht. Den wird der Django gleich mal am Krawattl packen.

Der Zweig ist ein dürres Bürscherl und verschwindet förmlich in seinem Stuhl.

»Ich habe bis zwölf Uhr gearbeitet«, sagt er.

Da läutet dem Django sein Handy. Schwarze Haare haben s' auf dem Xaver seinem Mantel gefunden und Hinweise, dass er noch gschnackselt hat, kurz vor seinem Tod, sagt die Tante trenzend.

»Kann's sein, dass dein Chef noch was gut gehabt hat bei dir?«, fragt der Django den Zweig. Der sagt nix. »Wollt ihr so die Leut, die gegen den Landeplatz sind, mundtot machen?« Beim Stichwort Landeplatz, zuckt dem Zweig seine Augenbraue. Also ist der Django auf dem richtigen Weg. Er geht hinter den Schreibtisch und beugt sich zum Zweig runter. Und da sieht er ein Kuvert, aus dem Scheine blitzen. Er zieht es raus und zählt 5.000 Euro. Woher, sagt der Zweig nicht. Er will überhaupt nix mehr ohne seinen Anwalt sagen. Deswegen ruft der Django die Schandi, weil mit einem Anwalt will er nix zu tun haben. Der Nüchterlein hat den Zweig wahrscheinlich dafür bezahlt, dass er den Xaver umbringt. Und dafür gibt's von der Oma noch eine in seine Kronjuwelen, dass er nur so jault.

Weil der Django immer noch nix gefrühstückt hat, will er sich in der Bäckerei erst einmal drei Amis holen, wie es sich für einen Cowboy gehört. Aber die ist brechend voll. Garmischer Rundfunk.

»Weißt du das vom Xaver scho?«, fragt die Verkäuferin eine Kundin.

»Dass er bei der Hierlhuber Franziska mal wieder g'fensterlt hat?«

Und schon ist der Django wieder draußen. Und fährt zur Franziska in die Loisachauen. Die wohnt fast genau dort, wo der Hubschrauberlandeplatz gebaut werden soll.

Weil heute Freitag ist, erwischt er die Franziska gerade noch bevor sie auf'n Wochenmarkt am Mohrenplatz geht. Er merkt gleich, dass der Franziska das schlechte Gewissen im Genick sitzt.

»Ich hab ihn halt mögen, den Xaver«, sagt sie und spielt an der Tischdecken herum.

»Und wann hast du ihn das letzte Mal gesehen?«

Sie sagt nix, fängt aber zum Weinen an und fährt sich mit der Hand durch die schwarzen Locken. Die Oma deutet auf ihre Hände, wo ein roter Fingernagel abgebrochen ist.

»Gestern«, antwortet der Django für sie.

Erschrocken schaut sie ihn an. Aber irgendwie auch erleichtert. »Mir haben uns getroffen. Am Waldrand.«

Hat die Franziska gehört, wie der Zweig den Xaver bestechen wollt? Hat eine Stinkwut gekriegt? Weil der Xaver doch immer dagegen war. Sie die Hubschrauber quasi im Wohnzimmer haben wird? Und hat ihn erwürgt?

Da läutet das Handy, die Tante ist es: »Am Lois seinem Hals haben's roten Nagellack gefunden. Und der Zweig hat gestanden.« Zwei Tatverdächtige ist zwar besser als keiner. Aber dem Django heute ein bisserl zu viel.

Er fährt die Franziska zur Kripo in der Münchner Straße. Da hängt der Zweig auf dem Stuhl wie ein Schluck Wasser in der Kurven und fängt sofort zum Erzählen an.

»Ich wollte den Bürgermeister überzeugen, dass der Hubschrauberlandeplatz gut für Garmisch ist. Plötzlich steht die Franziska Hierlhuber hinter mir. Hat alles gehört. Ihn am Hals gepackt. Da habe ich mich lieber aus dem Staub gemacht. Und als ich gerade wegfahre, kommt auch noch ihr Mann.«

Also geht der Django wieder zur Franziska in das andere Büro. »Du hast den Lois erwürgt.«

»Gute Lust hätte ich g'habt. Ich hab g'meint, der lasst sich bestechen. Aber dann hat er alles erklärt und es war wieder alles beim Alten.«

»Ich glaub dir net«, brummt der Lois.

»Recht hast«, gibt die Oma ihren Senf dazu.

»Ich habe ihm halt net widerstehen kenna. Und dann …« Die Franziska redet nimmer weiter, weint wieder.

Wer hat den Xaver ermordet?

Lösung: 9. Rätsel-Krimi

Der Mann von der Franziska hat den Xaver aus Eifersucht ermordet.

BRETTLHART – WIESN-KRIMI

Die Oma und der Django sitzen im Bierzelt auf der Wiesn. Die Musi spielt, ein Haufen Detektiv-Kollegen sind dabei und alle lassen sich's gut gehen. Weil's vorm Scheißhaus so zugeht, wackelt der Django einfach hinten hin. Seine Blase ist zum Platzen voll. Und die Sauerei will er keinem antun, auch wenn's bei dem Trubel auf der Wiesn wahrscheinlich nicht mal der Oma auffallen tät. Eher würde sie nackert auf dem Tisch tanzen. Aber das will der Django sich und den anderen nicht antun, selbst wenn einige das bis morgen sicher wieder vergessen hätten.

Django steht also hinter dem Pissoir und packt aus. Wie er loslegen will, schaut er noch einmal genauer hin. Er reibt sich die Augen und packt wieder ein. Weil er nimmer so klar sieht, muss er noch einmal hinschauen. Da liegt einer. In Uniform. Mit einem zerdepperten Schädel. Daneben der Maßkrug in tausend Scherben. Der hat die Aktion auch nicht ganz überstanden.

Wie ihn seine Kollegen vom Detektiv-Stammtisch auf die Wiesn eingeladen haben, hat die Oma geahnt, dass das nicht gut gehen wird. »Wenn du das Verbrechen schon anziehst wie der Scheißdreck die Fliegen. Was passiert dann, wenn ein ganzer Haufen von euch beieinander ist?« Wie so oft hat er gewusst, dass sie recht hat. Aber wie so oft hat er keinen Nerv dafür gehabt und hat sich von seinen Kollegen überreden lassen. Sonst sieht man sich ja nur alle zwei Jahre.

Der Django bückt sich und langt nach dem Arm von dem, der da liegt. Puls hat der Sicherheitsmensch keinen mehr, was den Django auch nicht wundert. Also ruft er die Sanis und einen Kollegen von dem Toten. Der vertragt den Anblick net ganz, wird ganz kasig, würgt und muss Bröckerl husten. Nachdem er sich den Mund abgeputzt hat, sagt er kopfschüttelnd: »Das war hundertprozentig das bsuffane Wagscheitel, mit dem der Wagner Andi heut Abend Ärger g'habt hat.«

»Hat der Besoffene auch einen Namen?«

»Woher soll ich das wissen? Die Schandi hat ihn mitg'nommen. Die wissen sicher mehr.«

Es dauert nicht lange, bis eine Fußstreife da ist. Die erzählt Django, dass sie den Saufaus ins Krankenhaus gebracht haben, weil er gekrampft hat, wie das Bier nimmer gewirkt hat.

Da erst sieht Django ein rot-weiß kariertes Halstuch neben dem Toten liegen.

»Genau so eins hat das Bürscherl umg'habt.«

Django ruft im Krankenhaus an. Das Halstuch vom Beschuldigten liegt in seinem Schrank im Krankenhaus. Da kommt die Oma in Schlangenlinien dahergerollt. Gut, dass es keinen Rollstuhlführerschein gibt. Sonst wär jetzt der Moment, wo die Schandi der Oma den Schein zwicken würde.

»Was war denn heute Abend sonst noch so los?«, will Django vom Sicherheits-Kaslaiberl wissen.

»So eine Bixn ist zu ihm gekommen. Sie hat gesagt, einer ist hinter ihr her.«

»Eine was?«

»Eine Bedienung.«

»Aha«, sagt Django und denkt, dass der noch nicht im 21. Jahrhundert angekommen ist. »Wie hat die denn ausg'schaut?«

»Guat.«

»Gaanz im Gegensatz zu dir, du leere Hos'n«, lallt die Oma.

»Also noch mal: Wie hat sie denn ausgeschaut?«, fragt der Django ein bisserl zu laut und schiebt sich einen Kautabak rein.

»Wie alle Bedienungen. Gscheid Holz vor der Hüttn. Ein Dirndl hat's ang'habt. Ich glaub vom Hottenschamel-Zelt war's.«

Der Django kämpft sich mit der Oma durch das Gewusel. Irgendwann wird er so stinkert, dass er den Rollstuhl als Rammbock einsetzt. Und entgegen seiner Befürchtung mosert die Oma deswegen nicht rum, für die ist es sogar eine Freude, weil's so ihren Hacklstecker einsetzen kann. Dann sind sie im Hottenschamel-Zelt und fragen sich zu der Vroni Gsell durch. Die ist schon ganz schön, aber auch ganz schön kasig. Ein rot-weiß kariertes Halstuch hat sie keines um, wie die anderen Bedienungen.

»Helfen sollt er mir«, erzählt sie und spielt dabei mit ihrer Dirndlschleife.

»Warum?« Django spürt, dass er jetzt ganz vorsichtig sein muss.

»I will net drüber redn.« Mit ihrem Fingernagel kratzt sie einen Fleck vom Biertisch, der gar nicht da ist. Obwohl sie noch ein paar Mal fest durch die Nase schnauft, kann die Vroni ihre Tränen nicht mehr zurückhalten, verdeckt ihr Gesicht mit ihren kräftigen Händen.

Da sieht der Django einen großen Kratzer, gleich beim kleinen Finger. Ganz frisch ist der. Er langt nach ihrer Hand. Sie zuckt zurück, dann haut sie auf ihn ein, als wär er der Deife in Person. Wie sie sich wieder beruhigt hat, sagt der Django nur noch: »Und der Mann von der Security war auch net besser«, und geht. Vielleicht findet die Schandi ja mehr raus.

Die Oma und der Django reden nicht, bis sie in der S 2 nach Markt Schwaben sitzen. Gegenüber hockt ein besoffenes Kasloawe, der eine Frau abbusselt, die es gar nicht will und ihren Kopf immer wieder wegdreht. Bis der Sauhund wegratzt. Dann hält ihm die Oma mit ihrem Hacklsteckerende abwechselnd das linke und das rechte Nasenloch zu. Ihn reißt's, dass es eine wahre Freud ist, er röchelt und schnappt nach Luft. Und schon können die Oma und der Django wieder lachen. Genau wie die junge Frau, die dem Gratler im Rausgehen noch Wasser in den Schritt schüttet.

Was ist dem Django aufgefallen?

Lösung: 10. Rätsel-Krimi

Der frische Kratzer am Finger. Die Vroni hat sich gegen den aufdringlichen Security-Mann gewehrt, der ihr eigentlich helfen sollte. Ein bisserl zu heftig.

AUSTRICKST – INGOLSTADT-KRIMI

Den ganzen Tag hat der Django die Oma in ihrem Rollstuhl durch Ingolstadt kutschiert. Das Kreuztor haben s' gesehen, das Marieluise-Fleißer-Haus und natürlich das Liebfrauenmünster. Weil sich der Oma ihre Hühneraugen auch ein bisserl umschauen wollen, gondeln s' über den Donausteg zum Strand im Konradviertel. Da ist schon ganz schön was los. Kubanische Musik plätschert aus den Boxen und das Wasser rauscht. Sie flacken sich auf einen Liegestuhl im Sand, die Oma nuckelt an einem Cuba Libre und der Django an seinem Weißbier und an einer Wasserpfeife. Der Rauch kräuselt sich um seinen Cowboyhut und er schaut auf das Neue Schloss, das bis jetzt noch ganz ohne neumodische Nachbarn auf dem Gießereigelände auskommt. Dann gräbt er seine nackerten Füße in den Sand, schaut auf die Volleyballspielerinnen im Bikini und denkt sich: Das versteht man heutzutage also unter Renaturierung. Nach dem nächsten Hochwasser dürfen s' den Sand gleich wieder aufschütten.

Da brüllt ein Tätowierter mit Muskelshirt einen Langhaarigen an: »I bring di um!«

Nett ist das nicht, aber der Django sagt sich, dass er jetzt nix macht, und bleibt auf seinem Stuhl sitzen. Obwohl oder gerade weil er spürt, dass da irgendwas faul ist. Außerdem hat er seinen Pfannkuchen erst halb gegessen, sein Weißbier ist halb voll und die Shisha brennt auch noch. Es wäre besser, wenn die Streithammel eine Sandburg bauen täten, aber sollen sie sich doch die Köpfe einschlagen, der Django hat frei. Sie haben zwar keinen richtigen Urlaub, weil sie auf die Wohnung von Omas Schulfreundin aufpassen müssen, die verreist ist, aber ein bisserl fühlt es sich schon so an.

Der langhaarige Bombenleger lässt sich das nicht gefallen. Er zieht seine Lederjacke aus und geht dem Angemalten an die Gurgel, dass dem sein Schädel rot wird, wie ein Trikot vom FC Ingolstadt 04. Schon bleiben die ersten Schaulustigen auf dem Donausteg stehen und die halb nackerten Volleyballerinnen hören auf zu spielen. Die Donau dagegen lässt sich von dem Ganzen überhaupt nicht aus der Ruhe bringen.

Leider hat die Oma, die Karfreitagsratschen, der Blonden am Stand vom Django seiner Arbeit erzählt. Deswegen hetzt die auf einmal daher mit einem Telefon in der Hand. »Du bist doch Privatdetektiv. Was meinst, soll ich die Polizei anrufen?« Nervös kaut sie dabei auf ihrer Lippe herum, dass der Django Angst hat, dass sie beim Reden die Wörter verschluckt.

»Das tät ich auf alle Fälle. Sonst wird die Sach' blutig«, antwortet die Oma für ihn.

Der Django, der jetzt doch irgendwie im Dienst ist, glaubt nicht, dass gleich Blut fließt. Mit Sicherheit nicht. Auf der anderen Seiten, wenn die Schandi auffahren, hat er weniger Arbeit und die Bagage kommt gleich ins Sing-Sing. Trotzdem sagt er. »Wart noch.« Er beißt vom Crêpe ab und denkt sich: Pfundig, in Ingolstadt lässt sich's aushalten. Strand und Kino in einem.

Der Tätowierte hat jetzt den Langhaarigen in den Schwitzkasten genommen. Beide Köpfe sind brutal rot und die Haare verschwitzt.

»Django! Mach doch was, du Gletzenbeni. Schön langsam wird's g'fährlich.« Die Oma rennt ihm den Ellbogen in die Seite, dass der Crêpe in den Sand fällt.

»Mensch, Oma. Kann man nicht einmal in Ruhe sein Crêpe essen?«

»Das ist kein Krebs, das ist ein Pfannkuchen.«

»Ist mir wurscht, wie das heißt. Jetzt is' paniert. Magst es du?« Er hält der Oma den Pfannkuchen vor die Nase, den sie wütend weghaut.

Um die Streithansln hat sich mittlerweile ein Kreis gebildet. Die Wenigen, die noch am Strand oder auf der Wiese gelegen sind, sind aufgestanden, weil sie sonst nichts mehr von der Fotzerei sehen.

»Du Opfer«, krächzt der Tätowierte und schubst den Langhaarigen, dass der umfällt.

»Na gut«, sagt der Django gutmütig. »Ruf die Polizei, gleich kann ich Verstärkung brauchen.«

»Siehgst, mein Django ist noch ein richtigs Mannsbuild«, jubiliert die Oma. »Nicht so wie die anderen Angsthasen da, die nur blöd schauen.«

Django putzt sich erst den Sand von den Füßen, zieht sich Socken und Cowboystiefel an und prüft, ob sein Deringer da ist. Gemütlich schlendert er in Richtung Donau, an den Streithansln vorbei und spricht eine aufgebrezelte junge Frau mit Stöckelschuhen und kleinem Schwarzen an, die wie eine Ente mit dem Hintern wackelt.

»Was will der denn von der Fregatten?«, schimpft

die Oma und schlägt sich mit der flachen Hand gegen die Stirn.

Als der Django nach der Handtaschen der Fregatten langt, wird die zintig.

»Kann dein Django sein Crêpe nicht mehr bezahlen?«, fragt die Blonde vom Stand.

Da brettert auch schon die Schandi über den Kies. Wie sie aussteigen, winkt sie der Django zu sich. Sie müssen erst einmal einen Polizeibus bestellen, um alle drei abtransportieren zu können.

Wie sich alles beruhigt hat, fällt der Django in seinen Liegestuhl. »Die Rauferei von den Streithansln war nur Ablenkung«, erklärt der Django der Blonden, wie er endlich sein Weißbier austrinken kann. »Die Fregatten hat in der Zwischenzeit die Arbeit erledigt und das Taschengeld der drei aufgebessert.«

»Wahrscheinlich kaufen sie sich von dem Geld Krebs«, frotzelt die Oma.

Der Django muss grinsen. »Bringst mir noch ein Crêpe, bitte? Aber ohne Panade.«

»Ausnahmsweise«, sagt die Blonde und geht davon. »Deiner Wampen zuliebe.«

Was hat die junge Frau, die Fregatten, gemacht, während die zwei sich geschlägert haben?

Lösung: 11. Rätsel-Krimi

Sie hat die Geldbeutel von den Schaulustigen gestohlen.

D'ABSTAUBER – SCHROBENHAUSEN-KRIMI

Der Django überlegt gerade, ob er einen zweiten Kaffee trinken soll, da wird seine grauhaarige Tischnachbarin kasweiß und scheppert mit dem Kopf auf die Tischplatte. Auch die Frau Echtler, von der Buchhandlung an der Stadtmauer, hat das mitgekriegt. Sie schlägt die Hände über den Kopf zusammen und schreit: »Frau Müller!«

Gerade war die Welt noch in Ordnung. Der Django hat sich, umgeben von Büchern, das feine Kekserl auf der Zunge zergehen lassen und mit einem Schluck Kaffee runtergespült. Die Oma und er sind nämlich auf Urlaub in der Spargelstadt. Und weil die Oma sowieso eine Urlaubslektüre braucht, sitzen s' nach einem Spaziergang an der Stadtmauer bei der Frau Echtler im Laden.

Also vertagt er den Kaffee, nimmt seinen Cowboyhut und steht auf. »Django. Privatdetektiv.« Bisher hat er sich in Schrobenhausen noch nicht als Privatdetektiv geoutet. Bei der Oma, der alten Ratschkathl, ist er da nicht ganz so sicher. Er langt nach der Hand von der Frau, versucht den Puls zu fühlen. Dann schüttelt er den Kopf. »Ich fürchte, da ist nix mehr zu machen.« Bei einer natürlichen Todesursache hätte er jetzt das Beerdigungsinstitut gerufen, die sind schneller als die Schandi.

Der um einige Jahre jüngere Begleiter der Toten schaut ihn durch seine speckigen Brillengläser an, wie ein Schwaiberl wenn's blitzt.

Der Django setzt sich hin und die Oma rollt auch schon daher. »Ihre Frau?«, fragt der Django.

»Nein«, sagt der junge Lackl und gibt dem Django die Hand. »Ihr Betreuer. Max Arnhardt.«

Auf einmal stürmt eine schneidige Brünette, im Alter vom Betreuer, schreiend von der Treppe herüber. »Mama! Lassen Sie mich durch, ich bin Ärztin!« Sie fühlt den Puls der Frau, weint, umarmt sie.

Die Oma hebt den Rock der Toten hoch und sagt: »Antithrombosestrümpfe.«

»Ja, fescher als deine«, sagt der Django, worauf er sich eine einfängt.

»Was erlauben Sie sich!«, schimpft die Tochter.

»Genau!«, sagt der Django mit der Hand an der Backen, obwohl er weiß, dass er gar nicht gemeint ist. Dann zieht er die pergamentartige Haut an der Hand der Toten nach oben. »Total ausgetrocknet. Sehe ich das richtig, Frau Doktor, dass Ihre Mutter Entwässerungstabletten nehmen hat müssen?«

Die Tochter nickt, dass die Brillanten an ihren Ohren wackeln.

»Und Sie stellen logischerweise die Tabletten Ihrer Mutter? Und verschreiben sie?«, schaltet sich die Oma ein.

»Ja«, sagt die Tochter.

Der Django glaubt, eine Unsicherheit in ihrer Stimme zu hören. Er fragt den Arnhardt, der sich jetzt zum dritten Mal innerhalb weniger Minuten seine Brille putzt. »Die Tabletten, die Sie ihr täglich gegeben haben?«

Auch der Arnhardt nickt.

»Hat Ihre Mutter eigentlich eine Lebensversicherung abgeschlossen?«, fragt die Oma.

»Ja«, sagt die Tochter und kratzt einen nicht vorhandenen Fleck von ihrer Gucci-Handtasche.

»Haben Sie schon mal Einblick in das Testament erhalten?«, fragt Django, dem das Kreuzverhör langsam so richtig Spaß macht. Mit der Oma haut das einfach super hin. Da soll noch einmal einer sagen, dass man alte Leute nicht mehr brauchen kann.

»Nein, warum sollte ich? Ich bin die einzige Tochter.«

»Sie sind aber auch seit Jahren mit Ihrer Mutter zerstritten«, mischt sich Frau Echtler ein, die die ganze Zeit zugehört hat und jetzt an den Tisch kommt. »Und mit Ihrem renovierten Stadthaus mit Gärtchen, im Zentrum von Schrobenhausen, sollen Sie sich ein bisserl übernommen haben. Mit dem mickrigen Gehalt von Ihrem Tschamsterer, dem Arnhardt, können Sie Ihre Schulden vermutlich nicht bezahlen.«

Die Tochter schluckt. Dann fängt sie laut pfeifend zu schnaufen an und zieht ein Asthmaspray aus ihrer Handtasche. Der Django sieht, wie eine Packerl Entwässerungstabletten rausspitzt.

Weil die Oma weiß, dass der Käs' jetzt gebissen ist, fährt sie zum Kaffeeautomaten, der ihr geräuschvoll einen Cappuccino aufbrüht. Währenddessen rollt sie zum Treppenanfang und blättert in einem Kriminalroman.

»Das Diridari von ihrer Lebensversicherung können Sie im Knast in Schokolad und Kippen investieren«, sagt der Django zum Arnhardt. Der springt auf und rennt zur Treppe. Der Django zieht seinen Deringer. Die Oma dreht sich blitzschnell um und schiebt dem Arnhardt ihren Hacklstecker zwischen die Haxen. Dann sieht man nur noch seine Füße, es kracht und scheppert. »Hoppala«, sagt die Oma trocken.

Die Tochter und der Django rennen ihm hintennach. Die Tochter haut dem Betreuer mit den Fäusten auf die Brust und schreit: »Sie Schwein!« Weil der Django nicht will, dass irgendwer verletzt wird, legt er ihr Handschellen an. »Und Sie warten jetzt auch auf die Schandi. Die Gerichtsmedizin wird leicht feststellen können, dass Ihre Mutter einen Kaliummangel gehabt hat; und deswegen einen Herzstillstand. Sie haben Ihr zu viele Tabletten gegeben, wegen Ihrer Geldprobleme. Deswegen ist sie ausgetrocknet.« Django ist der Appetit für heute vergangen. Seine Lebensversicherung kündigt er aber trotzdem nicht.

Woher wusste der Django, dass die Tochter, die Frau Doktor, in den Mord verwickelt ist?

Lösung: 12. Rätsel-Krimi

Wegen dem Packerl Entwässerungstabletten in ihrer Tasche, die sie als Ärztin jederzeit in der Apotheke kriegt.

GIFTHAFERL – NEUBURG-A.-D.-KRIMI

»Der Herzog ist tot, es lebe der Herzog!«, fängt der Schriftsteller an zu lesen, trinkt aus seinem Glas und zieht ein Gfries, das auch noch ganz dasig wird.

Doch nicht so schlecht, denkt sich der Django. Wie der Schriftsteller nach Luft schnappt, auf sein Rednerpult speibt und vornüber kippt, weiß er, dass er gefragt ist. Er schafft es gerade so, die Frau von dem Schreiberling daran zu hindern, ihren Mann zu umarmen. Ansonsten wäre sie vielleicht die Nächste gewesen. Weil mit Gift, da kennt sich der Django aus. Deswegen sagt er auch: »Bitte nichts anlangen.«

»Buggl, du Hammel!«, brüllt die Frau von dem Schriftsteller und schießt auf ein Brackl Mannsbild zu. Sie schlägt auf ihn ein, er hält sich die Arme schützend über den Kopf. »Du hast meinen Lio auf dem Gewissen.«

»Hätt ich gern, hab ich aber nicht«, sagt der seelenruhig.

Der Django hat gleich gewusst, dass das nicht gut gehen wird, wie er das Schild vor dem Café Wortschatz gesehen hat: ›Wer mordet schon in Oberbayern? Heute Lesung mit dem Krimiautor Lio Wolf‹. Da hilft es auch nichts, dass der Glasbau genau am Donaukai liegt und man von drinnen die Kajakfahrer beobachten kann, wie sie das Wasser durchpflügen. Sein Bedarf an Kultur ist für heute wirklich gedeckt.

»Gehen wir halt woandershin«, hat er die Oma angemurrt.

Der Django weiß aber, dass, wenn die Oma sich was in den Kopf gesetzt hat, da nicht mal ihr lieber Gott was dran ändern kann; da gibt's keinen Radi.

Durch ganz Neuburg hat sie ihn heute geschleift: Das Residenzschloss durfte genauso wenig fehlen wie die historische Provinzialbibliothek. Über die Elisenbrücke und die Leopoldineninsel sind s' an der Donau entlang zum Arco Schlösschen, wo sie sich Kaffee und Kuchen genehmigt haben.

Django findet Neuburg auch schön, aber ein bisserl weniger hätte es schon sein dürfen. Umso mehr haben sich er und seine müden Haxen auf ein gemütliches Essen und ein Bier gefreut.

Die Brote mit Obazden und das kühle Bier haben ihn dann milde gestimmt. Und auch die Inhaberin der Bücherstube Neuburg, die Hedwig Eser, der das Café gehört, gefällt ihm. Er war sogar ein bisserl gespannt, wie der Lio Wolf in Oberbayern morden wird, weil sie ja irgendwie Kollegen sind.

Jetzt hat er den Schlamassel und die Arbeit.

Zwecks Deeskalation setzt der Django die Frau Wolf auf einen Stuhl am anderen Ende des Cafés. »Oma, du rufst mir die Schandi und«, das flüstert er ihr ins Ohr, »passt auf, dass mir keiner den Toten oder das Glas anlangt.« Dann geht er zurück zum Buggl und krempelt die Ärmel vom Hemd nach oben. »Wir zwei gehen vor die Tür.« Die Oma schüttelt den Kopf und der Buggl schaut ihn fragend an: »Ich bin aus dem Alter raus, wo ich mich vor der Tür prügle!«

Ich nicht, denkt der Django und sagt: »Ich will mich nur in Ruhe mit Ihnen unterhalten.«

Draußen rauschen die Autos am Donaukai vorbei. Der Django ist froh, dass es zu tröpfeln anfängt. Da holt sich der Buggl einen Schirm aus seiner Tasche, an dem weißes Puder – wie von Latexhandschuhen – klebt. »Da schau her«, rutscht es dem Django raus.

»Jetzt tät mich ja schon interessieren, warum Sie den Wolf gerne umgebracht hätten?«

»Wissen Sie eigentlich, wie viele Autoren vom Schreiben leben können?«, fragt der Buggl.

Der Django zuckt mit den Schultern und schiebt sich einen Kautabak in die Backe.

»Von denen, die Bücher veröffentlichen: 0,2 Prozent. Durch die Raubkopien von den E-Books wird's noch schwieriger.«

»Aso.«

»Der Wolf gehört dazu, ich aber nicht.«

»Das ist doch kein Grund, jemanden umzubringen.«

»Wenn das Schwein einem das Manuskript klaut und als seines verkauft, dann schon.«

Du raffiniertes Bürscherl, denkt der Django und hat eine Idee. »Sie warten da auf mich«, sagt er zum Buggl, auch wenn er weiß, dass das riskant ist, »bis die Polizei kommt.« Er geht wieder rein, die Treppen rauf zu dem Toten. Anschließend wickelt er ein Taschentuch um die Hand, nimmt das Glas und langt es der Frau Wolf hin. »Zum Wohle.«

Sie wird brutal rot, schüttelt den Kopf und fährt sich durch ihre brünetten Haare. Der Django sucht vergeblich nach einem Hochzeitsring, stattdessen sieht er Erde unter dem Ringfingernagel.

»Ihre Ehe ist wohl nicht so gut gelaufen? Mal abgesehen, von dem Vermögen durch den Erfolg Ihres Mannes?«

»Dass Sie sich da mal nicht irrn«, sagt sie.

»Halten Sie mal bitte das Glas.«

Wieder schüttelt sie den Kopf.

»Sie garteln gern, oder? Und Sie wissen, dass das Gift sogar über die Haut wirkt. Ich wette, wir finden bei Ihnen daheim Pflanzenschutzmittel.«

Antwort gibt die Wolf selbst dann keine, als der Django sie mit Handschellen am Stuhl festmacht. Jetzt muss er nur noch ihren Komplizen überführen. Also rennt er nach draußen und brüllt. »Herr Buggl! Herr Buggl! Die Frau Wolf. Wir brauchen einen Notarzt.«

Der Buggl wird total käsig und zieht sein Handy raus. »Schnell, einen Notarzt, zum Café Wortschatz. Vergiftung durch Pflanzenschutzmittel.«

»Was du und dein Drutscherl nicht alles wissen«, denkt der Django und langt nach seinem Deringer.

Woher weiß Django, dass der Buggl der Komplize von Frau Wolf ist?

Lösung: 13. Rätsel-Krimi

Der Buggl hat gewusst, dass Lio Wolf mit Pflanzenschutzmittel vergiftet worden ist.

NICHT MEINE OBERWEITE – INGOLSTADT-KRIMI

»Wegen deinem aufgemotzten Busen?«, rutscht es dem Django raus, dass die Oma wieder einmal Ohren wie ein Elefant kriegt.

Corinna Künzel, Djangos Tante, lässt sich auf ihr Kopfkissen in der Plastischen Chirurgie in Ingolstadt fallen. »Ich wollte gerade in den Klenzepark, um dort meine Tai-Chi-Übungen zu machen. Als ich ausgestiegen bin, schießt mir der Schmerz in die Brust und von dort in die Achselhöhle. Anstatt mich beim Tai Chi zu entspannen, bin ich dann hierher gerast. Und was ich befürchtet hab, hat sich bestätigt: Das Implantat ist geplatzt.«

Ein paar Stunden später, am Krankenbett, erzählt sie

ihrem Mann Franz, was passiert ist. Der wütet wie ein Berserker: »I werd den Drack am Münster aufhängen.«

Bis jetzt hat es die Corinna immer süß gefunden, wenn ihr Bär in seinem Ärger auf Bayerisch dahergeredet hat. Doch da hat er ihr richtig Angst gemacht. Um ihn zu beschwichtigen, hat sie ihm erzählt, dass die Krankenkasse vorerst die Kosten für das geplatzte Implantat übernehmen würde. Vorerst; sicher war noch nix.

Allerdings hat sie damit genau das Gegenteil erreicht. Der zwei Meter große Bär ist mit hochrotem Schädel aus dem Zimmer gerannt und hat die Tür hinter sich zugehauen.

Minuten später hört die Corinna eine Frau schreien. Am liebsten hätte sie sich das Kissen auf die Ohren gedrückt. Aber ihre Neugierde schob sie auf den Gang, zum Behandlungszimmer von Dr. Mechtel. Durch einen Wust an Menschen. Sie hat sofort gewusst, was passiert ist. Und hat es doch nicht glauben können. Blutspritzer überall, auch auf dem Kittel vom Chefarzt, der tot auf seinem Stuhl liegt. Die Corinna ist dann einfach umgefallen.

»Und jetzt verdächtigen sie meinen Franz. Aber ich kann einfach nicht glauben, dass er es war.« Sie greift nach der Hand des Privatermittlers. »Du musst die Wahrheit herausfinden.«

»Wo ist denn dein Mann jetzt?«

Sie weiß es nicht und dämmert wieder weg.

»Dr. Mechtel ist mit einem Skalpell an der Halsschlagader verletzt worden«, erzählt Django, wie die Corinna wieder aufwacht. »Er ist sofort verblutet.«

»Aber ich kann mir nicht vorstellen, dass Franz …«

»Er ist beobachtet worden, wie er das Zimmer von Dr. Mechtel kurz vor dessen Tod verlassen hat.«

Dass der Franz geflüchtet ist, macht ihn in Djangos Augen noch verdächtiger. Er schiebt die Oma ins Schwesternzimmer. Eine erdrückende Stille erfüllt den Raum. Nur zögerlich erzählen die Schwestern von Dr. Mechtel, die meisten haben den Chefarzt nicht mögen, hätten lieber den Dr. Peil als Chef.

Also weiter in die Personalabteilung. Die Glatze des Personalchefs glänzt in der Morgensonne. Wie Django ihn um die Personalakten bittet, werden die markanten Gesichtszüge des Plattensimmerl ernst. »Tut mir leid; Datenschutz.«

»Jetzt hören Sie mir mal zu! Wir sind hier nicht auf einer Weihnachtsfeier, wo man sich was wünschen kann! Es geht um Mord!«

Die Unterlagen rückt der Personalchef zwar nicht raus. Aber während der Django sich mit ihm fetzt, stibitzt die Oma sie einfach. Im Patientengarten schauen sie sich die Unterlagen durch. Dr. Peil ist erst kürzlich von Dr. Mechtel abgemahnt worden. Angeblich hat er eine Ampulle Dipidolor, ein starkes Betäubungsmittel, nicht korrekt entsorgt, sondern missbräuchlich verwendet.

»Wie ein Junkie«, sagt der Django. »Bloß, dass der einfach nur den Schrank aufmachen muss. Keine Beschaffungskriminalität, kein sozialer Abstieg. Der Herr Doktor ist fein raus.«

»Und gut drauf«, rutscht es der Oma raus.

Weil die Schwestern Bescheid wissen müssen, schnappen sie sich eine, die gerade der Corinna den Blutdruck misst.

»Wie entsorgt man Dipidolor denn korrekt?«, fragt der Django.

Sie schaut ihn an, als hätte er sie gefragt, ob sie ein Kind von ihm haben möchte. »Die Ärzte verwenden meist nur die halbe Ampulle. Der Rest muss weggeschüttet werden. Das wiederum sollte ein Arzt bezeugen und unterzeichnen.« Sie druckst herum. »Es ist häufig so, dass die Ärzte das unterzeichnen, ohne wirklich dabei gewesen zu sein.«

Da rast eine Schwester rein und flüstert ihrer Kollegin was ins Ohr. Die Oma mit ihren riesigen Ohrwascheln erzählt nachher, wie sie wieder alleine sind.

»Auf dem Skalpell, mit dem der Oberarzt umgebracht worden ist, sind Fingerabdrücke gefunden worden, die nicht in der Datei des BKA sind. Deswegen brauchen s' von den Schwestern die Fingerabdrücke.«

Der Dr. Peil sitzt in seinem Büro und schaut aus wie ein Maulwurf: ein spitzer Kopf, in dem winzigen Pupillen liegen. Ruhig begrüßt er den Privatdetektiv und bietet ihm und der Oma einen Kaffee an.

»Sehr gerne«, sagt die Oma, wie es die Verkäuferinnen zurzeit ständig beim Bäcker sagen, nicht ohne Hintergedanken.

»Sie haben vor Kurzem Ärger mit dem Chefarzt gehabt?«, fragt der Django.

»Er hat mir unterstellt Dipidolor nicht verworfen, sondern selbst gespritzt zu haben: Absurd!«

Der Django drückt in seiner Manteltasche auf sein Handy, damit es läutet. »Ich muss los«, sagt er. »Darf ich mir den Kaffee mitnehmen? Die Tasse bringe ich dann wieder zurück.« Und denkt sich noch: Vielleicht.

Warum will der Django die Tasse mitnehmen?

Lösung: 14. Rätsel-Krimi

Um die Fingerabdrücke zu überprüfen. Der Dr. Peil ist sicher wieder beim Spritzen erwischt worden und deswegen ausgeflippt. Den Chefarztposten hat er sich durch den Mord erhofft.

GWAMBERTER UHU – EICHSTÄTT-KRIMI

Der Django schiebt die Oma gerade am Seminarweg in Eichstätt, unweit der Altmühl entlang, da klingelt sein Handy.

»Django, hello.«

Pause.

»Polizei?«

Die Oma schaut auf.

»Ärger. Ich versteh.«

Pause.

»Ich versteh gar nix?«

Pause.

»Aso. Bis gleich.«

»Was war denn das jetzt?«, fragt die Oma.

»Ein Schandi.«

»Ja, das hab ich schon mitbekommen. Und was will der von dir?«

»Seine Diät durchziehen.«

Die Oma lacht. »Da ist er ja bei dir genau an der richtigen Stelle.«

»Stimmt«, sagt der Django stolz. »Ich hab mit meiner veganen Diät immerhin schon zwei Kilo abgenommen.«

»Aber du musst auch noch 20 Tage dranhängen, weil du von den 30 Tagen an 20 gesündigt hast.«

»Jeden Tag, eine gute Tat«, sagt der Django, weil ihm gerade nichts Besseres einfällt. Ein bisserl hat ihm der Baden-Powell, der Gründer der Pfadfis, souffliert, dem sein Gesicht auf die Mauer am Wiesengäßchen gemalt ist.

Fünf Minuten später sitzen s' in der kleinen Café-Bar Eichstätt in der Pfahlstraße. Die hat ihnen der Schandi als Treffpunkt genannt, weil er da sicher keine Kollegen treffen wird.

Der Django erkennt ihn gleich wieder von einem seiner letzten Fälle. Er ist ein bisserl erstaunt, dass er ihn angerufen hat. Aber so fertig, wie der Schandi ausschaut, will er lieber nicht darauf herumreiten.

»Josef Zieger, Grüß Gott«, sagt der und hält dem Django die Hand entgegen, die nass ist wie ein Waschlappen. Wie der Django sitzt, holt er seinen Schneizhadern aus der Hosentasche, um sich unauffällig die Hand abzuwischen.

»Kaffee?«, fragt der Zieger. Die Oma und der Django nicken.

»Drei Kaffee, bitt schön«, ruft der Zieger dem Wirt zu und der Django denkt sich, dass der rote Gschwoischädel seinem Blutdruck zuliebe besser einen Melissen- oder Hopfentee bestellen sollte. Aber er ist ja nicht seine Mama.

»Es ist mir ein bisserl unangenehm«, sagt der Zieger und wischt sich den Schweiß von der Stirn.

Mir auch, denkt die Oma und überlegt, ob sie nicht lieber einen Arzt rufen soll.

»Eigentlich bin ich auf Diät«, erzählt der Zieger weiter.

»Ich auch«, sagt der Django, was sein Gegenüber einfach überhört.

»Aber seit Montag werden jeden Mittag Pizzas ins Präsidium geliefert.«

Der Django überlegt. Heute ist Freitag. »Die ganze Woche Pizza ist schon ein bisserl eintönig. Sind's wenigstens verschiedene?« Er merkt, wie ihm das Wasser im Mund zusammenläuft.

»Nein, immer nur mit Hackfleisch, Speck und Schinken. Da will mich jemand fertigmachen. Ich hab schon alle Lieferservice angerufen und ihnen gesagt, dass sie zurückrufen sollen, bei einer Bestellung ins Präsidium.«

»Haben Sie eine Ahnung, wer das sein könnte?«, fragt der Django.

Zieger zuckt mit den Schultern. »Es wird allerweil von meinem Handy aus angerufen.«

»Kollegen?«, fragt der Django.

»Mein Handy ist seit Freitag weg.«

»Oder vielleicht jemand, den Sie verhaftet haben?«

Der Django sieht richtig, wie es in Zieger seinem Kopf rattert. Auf seinem hellgrünen Hemd hat der Schweiß dunkel Flecken gemalt.

»Letzte Woche habe ich den Wollenberg festgenommen. Der wird verdächtigt, eine Scheune angezündet zu haben.«

Die Oma und der Django nehmen sich ein Taxi und rattern über den Residenzplatz und die Spitalbrücke zur JVA. Der Zieger hat schon angerufen, weswegen es relativ schnell geht: Hosentaschen ausleeren, Schuhe ausziehen und durch den Detektor hatschen.

Dann sitzt der Bandit vor ihnen und grinst. »Ich hatte einen Anruf frei und da habe ich meinen Anwalt angerufen.«

»Handy?«, fragt der Django.

»Wissen Sie, was ein Handy kostet?«

»Zehn Euro aufwärts«, sagt der Django. Hip-Hop dröhnt aus der Nachbarzelle.

Der Knacki lacht laut auf. »Hier drin zahlst du über 200 Euronen; aufwärts.« Er verschränkt seine muskulösen Arme.

Die Schließer erzählen dem Django, dass sie bei der Zellendurchsuchung kein Handy gefunden haben. Eine Möglichkeit wäre noch, dass er sich eines ausgeliehen hat.

Sie fahren zurück in die Altstadt, heim zum Zieger. Erst jetzt fällt dem Django auf, dass er schon mal da war. Webergasse: Da wohnen auch die Zwillingsschwestern, von denen die eine so gerne putzt. Wie sie läuten, macht die Gabriela Waibel auf.

»Da schau her!«, rutscht es dem Django raus.

»Ist der Josef auch da?«, fragt die Oma.

»Nein, der ist im Dienst«, sagt die Gabriela. »Was wollt's Ihr denn scho wieder da?«

»Der Josef hat uns beauftragt«, sagt der Django.

»Warum?«, fragt die Gabriela neugierig.

»Das dürfen wir nicht sagen«, sagt der Django. Da

schlägt die Uhr von der Klosterkirche St. Wallburg zwölf Mal.

»Wie geht's ihm denn?«, fragt die Oma plötzlich.

»Ja, mei. Ich mach mir schon ein bisserl Sorgen um ihn. Weil er im Moment so eine komische Diät macht. Wehgan oder so. Er isst kein Fleisch, keine Milch und keine Eier. Das geht doch nicht. Was gibt es denn dann noch?«

»Stimmt«, sagt der Django und denkt: Milch kann man gar nicht essen.

Er und die Oma müssen sich jetzt ganz schön zusammenreißen, dass sie nicht laut loslachen. Plötzlich läutet ein Handy aus dem Inneren der Wohnung.

Wer hat die Pizza bestellt?

Lösung: 15. Rätsel-Krimi

Die Gabriela Waibel, die Oma vom Josef Zieger. Sie hat sich Sorgen gemacht, dass ihr Enkel verhungert.

KUCKUCKSKIND – INGOLSTADT-KRIMI

»Fesch«, sagt die Oma.

»Das ist jetzt aber nicht dein Ernst«, sagt der Django, ohne den Blick vom Auwaldsee zu nehmen.

»Wieso? Menschen schauen, wenn sie sterben, oft edel-entrückt.«

»Edel-entrückt. Aha. Hast wieder zu viel von deinen Talkshows angeschaut?«, kontert der Django und zeigt auf den kleinen Fisch, der am Seeufer um die Leiche schwänzelt.

»Der Tote ist Lukas Lemke. 30 Jahre. Sein Freund ist da drüben.« Django deutet auf Schorsch, der in eine Decke eingewickelt im Krankenwagen sitzt und einen Becher Tee in der Hand hält. Wie der Django die Oma zu ihm rüberschiebt, hört man die Sirene von den Schandi.

Schorsch nippt am Tee. Seine Hände zittern: »Wir haben meinen Junggesellenabschied g'feiert.«

»Und ziemlich gebechert?«, fragt die Oma.

Schorsch nickt. »Dann haben sich der Friedrich und der Luke g'fetzt. Der Luke hat den ganzen Abend schon auf ihm herumg'hackt, weil er so dick ist. Irgendwann hat der Friedrich g'sagt, dass er redt, wenn er nicht aufhört.«

Der Django schiebt sich einen Kautabak in die Backe. »Was hätte er reden können?«

»Die zwei arbeiten doch im Ingolstädter Hochbauamt und …«

»Du meinst Korruption?«, schießt es aus der Oma raus.

Der käsige Schorsch nickt und schiebt sich seine Brille wieder auf die Nase. Sein linkes Augenlid zuckt. Er sinkt zurück auf die Liege.

»Der Friedrich hat dann sogar noch Bier über dem Luke seine Jacke g'schüttet. Und wie wir am See waren, ist ihm die Sicherung ganz durch'brannt. Er hat den Prügel g'nommen und ihn dem Luke drüber'zogen.«

Den Prügel hat der Django schon entdeckt, am Ufer, neben einem Berg Bröckerlhusten.

»Und wo ist dein Spezl jetzt?«

»Er ist davong'rennt.«

Der Django schiebt die Oma zum See. »Irgendwas stimmt da nicht«, sagt der Django. Er beugt sich über den Toten. »Der Luke muss seinem Mörder ins Gesicht geschaut haben, als der zugeschlagen hat. Sonst würde er anders im See liegen.« Er überlegt kurz und murmelt: »Die Wunde ist auf der rechten Kopfseite.« Sie gehen zu Schorsch zurück, lassen sich die Adresse vom Friedrich geben, auch wenn ihnen der Anschiss der Schandi dann wieder einmal gewiss ist.

Kasweiß sitzt der Friedrich auf der Couch im Wohnzimmer seiner Eltern im Freihöfl. »Daraufhin musste ich mich übergeben und hatte einen Filmriss«, sagt er mit zitternder Stimme.

»Und …?«, fragt Django.

»… bin im Dreck aufgewacht. Mit einer Keule in der Hand. Komischerweise in der Linken, wo ich doch Rechtshänder bin.«

»Und …?«

»… bin davongerannt. Weil Luke tot im See lag.« Friedrich beginnt zu weinen. Die Oma gibt ihm ein Taschentuch. Er nimmt es mit der rechten Hand.

»Die Polizei wird Sie gleich holen«, sagt Django, bevor er sich verabschiedet.

Dann fahren sie zu Schorsch. Als sie vor dem Haus im St. Monikaviertel stehen, hören sie jemanden schreien. Django will gerade läuten, da hält die Oma, die auf einmal Elefantenohren kriegt, seine Hand fest.

»Stimmt's, dass du mit dem Luke g'schnackselt hast?«, brüllt der Schorsch. »Wir heiraten morgen, falls du das schon vergessen hast!«

»Du wolltest doch unbedingt ein Kind!«, schreit eine Frauenstimme zurück. »Ich hab mir gedacht, wegen dir haut's nicht hin!«

Es klatscht, als hätte jemand eine Watschn gekriegt. Django läutet, der Schorsch macht auf, mit einem Blatt Papier in der Hand. Hinter ihm steht eine Frau mit verheultem Gesicht und hält sich die Backen. Die Oma reißt ihm das Papier aus der Hand und liest: »Ein Arztbrief. Sie sind nicht unfruchtbar. Glückwunsch!«

»Eigentlich lag es an mir«, sagt Schorschs Zukünftige. »Ich habe zu viel Kaffee getrunken. Und im Donaukurier hab ich gelesen, dass es dann schwieriger ist, schwanger zu werden.«

»Sie haben es mit dem Luke probiert, weil sie gemeint haben, der Schorsch ist unfruchtbar?«, fragt Django. »Das hat der Luke am See gebeichtet …«

Schorsch setzt sich auf die Bank im Gang und fährt sich mit beiden Händen übers Gesicht. »Ich war es nicht«, flüstert er und schaut seine Zukünftige an.

»Morgen ist Ihre Hochzeit?«, fragt die Oma. Beide nicken. »Haben Sie Ihre Eltern schon informiert, dass Sie nicht zur Hochzeit kommen können?«

Der Schorsch schüttelt den Kopf.

Die Oma gibt ihm ihr Handy. Er nimmt es mit der linken Hand. Jetzt wissen der Django und die Oma, wer der Mörder ist. Aber auch der Schorsch weiß, dass sie es wissen. Also rennt er los, will die Treppe hinunter. Die Oma fährt ihren Hacklstecker aus, der Schorsch versucht drüberzuspringen, bleibt hängen und ihn haut es der Länge nach hin. Seine Hose ist an den Knien aufgerissen und an den Händen blutet er.

»Ein Pflaster bitte«, sagt der Django zum Schorsch seiner Frau, während er ihm aufhilft und Handschellen anlegt, »und einen guten Anwalt. Das ist das Einzige, was Sie im Moment für ihn tun können.«

»Sie werden jetzt erst mal mit anderen Ringen vorliebnehmen müssen«, gibt die Oma ihren Senf dazu. »Lebenslänglich.« Da biegen auch schon die Schandi um die Ecke.

Woher wussten die Oma und der Django, dass der Schorsch der Mörder ist?

Lösung: 16. Rätsel-Krimi

Weil er Linkshänder ist und der Luke seine Kopfwunde auf der rechten Seite hat.

DIE ROCKEROMA – EICHSTÄTT-KRIMI

Die Oma reißt's. Sie fährt ihren Hacklstecker aus und hätte fast eine Studentin mit grünen Haaren erstochen. »Alles in Ordnung, Oma«, versucht sie der Django zu beruhigen und legt ihr die Hand auf die Schulter. Gerade hat sie noch so schön dahingedöst, wie er sie durch den Eichstätter Hofgarten geschoben hat. Aber jetzt röhrt's auf der Ostenstraße, dass nicht einmal ein tauber Siebenschläfer weiterschlafen könnte. Ganz dramhappert reibt sich die Oma den Schlaf aus den Augen. Und das Röhren wird immer lauter. Ein Motorrad nach dem anderen zuckelt vorbei: Erst eine Harley, auf der ein Typ mit einem geflochtenen Bart sitzt, dann eine Ducati, die von einer glatzköpfigen Frau mit Stahlhelm gelenkt wird. Auf ihren Lederjoppen sind ein Haufen Aufnäher zu sehen. Die Oma und der Django kommen sich vor wie in ›Easy Rider‹. Es werden immer mehr Motorräder. Irgendwann zeigt die Oma mit dem Hacklstecker auf einen Oldtimer und schreit: »Das ist ja eine DKW, wie sie mein Hermann gefahren hat!« Der Django lupft seinen Cowboyhut und glaubt, eine Träne aus einem Auge rollen zu sehen.

»Ja, was ist denn da los?«, fragt die Oma kurz darauf. Anscheinend hat sie sich wieder gefangen. »Rocker in Eichstätt?« Auch der Django versteht das nicht so ganz. Wie sie an der Schutzengelkirche ankommen, ist alles voller Motorräder.

»Da muss irgendwo ein Nest sein«, sagt der Django. Sie wandern durch die Reihen, doch schon brummen die Motoren wieder. In einem Konvoi verlassen sie den Parkplatz. Irgendwann geht aber nichts mehr weiter, die Biker fangen an zu schimpfen und wundern sich. Es kracht und scheppert.

Auf der Straße hat sich eine Maschine in die andere verkeilt. Die Biker toben, einer packt den anderen am Krawattl, es schaut so aus, als tät es gleich eine Massenschlägerei geben. Die Schädel unter den Helmen sind rot vor Wut, dass der Django sich dreimal überlegt, ob er fragen soll, was geschehen ist. Da kommt ihm die furchtlose Oma zuvor. »Was ist denn passiert?«

»Was passiert is?«, fragt ein Lackl mit einem tätowierten Totenkopf am Hals. »Die Brems von meiner Maschin geht nimmer, du Spinatwachtel. Gestern war's noch in Ordnung, wie ich sie vorm Gästehaus St. Walburg abg'stellt hab. Irgend so ein Hundsgrippe hat mir den Bremsflüssigkeitsbehälter am Hinterrad aufg'dreht. Wer mir den bringt, der das g'macht hat, der kriegt eine saftige Belohnung.«

Das lässt sich der Django nicht zweimal sagen und schon kutschiert er die Oma über den Domplatz und die Pfahlstraße zum Kloster.

Einer jungen Schwester ist in der Nacht eine Frau mit Kopftuch aufgefallen. Ob die an den Motorrädern dran war, kann sie allerdings nicht sagen. Sie weiß aber, wer die Frau ist. »Gabriela Waibel, die wohnt gleich ums Eck in der Webergasse.«

»Warum manipuliert jemand Motorräder?«, fragt die Oma auf dem Weg zur Verdächtigen.

»Um seine Ruhe zu haben?«, fragt der Django.

Die Frau, die so alt ist wie die Oma, gießt gerade ihre Geranien. »Grüß Gott«, sagt die Oma, »Ihre Geranien sind wirklich herrlich«, obwohl sie Geranien hasst. »Viel netter, wie die stinkenden Motorräder in der Stadt.«

»Ach«, sagt die Frau und streicht sich über ihren wuchernden Damenbart, »die stören mich nicht. Die fahren ja alle zum Motorradgottesdienst in die Ruinenkirche im Spindeltal. Aber sauber sollten s' schon sein.« Die Frau wischt mit einem feuchten Tuch über die Fensterbretter.

»Motorradgottesdienst?«, fragt die Oma.

»Ja, der hat Tradition bei uns. Jedes Jahr segnet der Pfarrer die Motorräder. Damit denen nix passiert.« Jetzt greift die Frau nach dem Besen an der Holztür und fängt zu kehren an. »Bloß das Putzen müssen die noch lernen.« Neben dem Besen steht ein Eimer, aus dem ein ölverschmierter Lappen hängt. Da kommt eine Frau aus dem Haus, die genauso ausschaut wie die Gabriela Waibel. Sie stellt sich als ihre Zwillingsschwester vor. »Ein Krach war das wieder, mit diesen Motorrädern«, schimpft sie.

»Ach, Zenzi«, sagt Gabriela nur, »die sind nicht verkehrt. Aber so dreckig sollte man sie eigentlich nicht in die Kirche lassen.«

»Pah«, sagt die Zenzi. »Du hast gut reden. Das Waschbecken ist voller Schmiam, weil du nicht g'scheid sauber g'macht hast.«

»Wer guat schmiabt, der fahrt guat«, sagt die Oma.

»Ich mach's gleich«, sagt Gabriela Waibel kopfschüttelnd. »Wie mir das nur passieren hat können?« Und schon ist sie im Haus verschwunden.

»Ja, die Gabriela«, stöhnt die Zenzi. »Den ganzen Tag am Putzen, sogar in der Nacht noch. Alles muss sauber sein. Selbst die Ackermopeds von den Gratlern.«

»Ja, sie schaut ganz schön müde aus, Ihre Schwester. War s' heute Nacht wohl unterwegs, putzen?«

»Das kannst laut sagen. Sie hat sich wieder in Sachen eingemischt, die sie nix angehen. Als täten wir nicht alle, wenn wir auf die Welt kommen, dreckig vorm Herrgott stehen.«

Wer von den beiden Schwestern hat den Bremsflüssigkeitsbehälter am Hinterrad aufgedreht?

Lösung: 17. Rätsel-Krimi

Gabriela Waibel. Sie hat aus Versehen den Bremsflüssigkeitsbehälter aufgedreht, wie sie das Motorrad geputzt hat, damit es nicht dreckig gesegnet wird.

AUF DEN LETZTEN DRÜCKER – INGOLSTADT-KRIMI

Den Chlodwig beutelt's. Er steht in der Wohnung, in der er aufgewachsen ist, mitten in Ingolstadt. Seine Mama liegt auf dem Kanapee, als täte sie schlafen, ein Spuckefaden wandert von ihrem Mundwinkel zum Boden. Ihre Freundin flackt mit seltsam verdrehtem Schädel auf dem beigefarbenen Teppich. Weg, bloß weg, schießt es ihm durch den Kopf und er rast aus der Wohnung. Bevor mich noch jemand sieht, voll auf Entzug. Jetzt brauch ich erstmal eine Line Chrystal.

Fast hätte er den Schleinkofer überrannt, der auf dem Weg in den zweiten Stock ist. »Du Gratler! Kannst ned aufpassn!«, belfert der ihm hinterher. Da fällt dem Schleinkofer auf, dass die Tür zu Ute Renners Wohnung einen Spalt offen steht. »Ute?«, flüstert er in die Wohnung. Weil er so ein schwaches Herz hat, packt er sein Handy aus und ruft den Privatdetektiv Django an. Von dem hat er schon im Donaukurier gelesen, weil er einen Trickbetrüger in flagranti erwischt hat.

Eigentlich wollten die Oma und der Django heute am Auwaldsee in der Sonne liegen und den Herrgott einen guten Mann sein lassen. Um sich zu beruhigen, dreht der Cowboy Django im Auto den schnellen Blues vom Willy Michl auf, obwohl der ein Indianer ist. »Wir san die Männer mit einem harten Job, wir fahren mit dem Bob«, dröhnt es aus den Lautsprecherboxen. Die Oma hält sich die Ohren zu, während sie über die Konrad-Adenauer-Brücke in Richtung Viktualienmarkt brettern.

Vor dem Eiscafé wartet schon der käsige Schleinkofer auf sie. Gemeinsam gehen sie rauf, der Django stützt die Oma. Wie der Schleinkofer die Ute in der Blutlache liegen sieht, würgt es ihn und er rennt aufs Klo. Die Oma zeigt auf den rußigen Schürhaken, der neben den Toten liegt.

»Der Täter ist überrascht worden«, sagt die Oma, nachdem der Django die Schandi angerufen hat.

»Der Chlodwig war's, ihr Sohn, das drogensüchtige Grischberl. Ich hab'n g'sehn«, sagt Schleinkofer und deutet auf ein Foto von ihm.

»Und woher wissen Sie, dass der Sohn drogensüchtig ist?«

»Das wissen wir alle.«

Wie die Oma und der Django langsam die Treppe runtergehen, wartet schon eine Nachbarin auf sie; in Kniestrümpfen und Hausfrauenschürze.

»Da war ein Fremder. Einer, der Zeitungen verkaufen wollte«, sagt sie und dreht ihre Haare zu Locken. »Der ist raus, kurz nachdem der Chlodwig die Tür aufgesperrt hat. Der dürfte noch nicht weit gekommen sein.« Sie beschreibt dem Django uns seiner Oma den Mann, und schon macht sich das ungewöhnliche Ermittlerteam auf die Suche. Heute haben sie Massl und treffen den Verdächtigen Mann, der Rückert heißt, bereits im nächsten Haus. »Ich habe gerade mit Frau Renner und ihrer Freundin gesprochen, da kommt der drogensüchtige Abschaum rein und will Geld von seiner Mutter.« Er richtet seine Krawatte mit der Hand, auf der schwarze Flecken sind. »Weil sie es ihm nicht geben wollte, nimmt er den Schürhaken und erschlägt sie und ihre Freundin wie die Fliegen.«

»Und was wollten Sie von Frau Renner?«, fragt Django und schaut sich die Krawatte genauer an. »Ich werbe Abonnenten, arbeite hart für mein Geld und liege nicht den anständigen Menschen auf der

Tasche ... oder bringe sie um: Beschaffungskriminalität, wenn Sie wissen, was ich meine.«

»Trotzdem ist das Geld knapp, oder?«, bohrt die Oma nach.

Der Rückert sagt nix darauf, sondern reibt sich seinen Zinken mit den schwarzen Pratzen. Deswegen ruft der Django die Schandi und verschwindet dann mit der Oma, um den Chlodwig zu suchen. Wie die Oma und der Django die Schloßlände entlang gehen, sehen sie den Chlodwig Sparifankerl machen. »Du, wart einmal!«, schreit der Django, langt nach seinem Deringer und telefoniert.

Der Chlodwig kommt auf sie zugerannt und plappert, dass sogar die Oma, die Ratschkathl, neidisch wird. »Hör auf zum Schnadern«, fährt sie ihn an und hebt ihren Hacklstecker.

Da halten auch schon die Schandi neben ihnen. Saugrantig fahren sie den Django und die Oma an, weil die einfach vom Tatort abgehauen sind. Deswegen müssen sie mit dem Chlodwig zusammen auf die Wache in der Esplanade.

Dort warten bereits Rückert und der ergraute Hauptkommissar Fahrtaler auf sie. »Setz di hi! Und halt dei Goschn«, sagt der Beamte und stößt Chlodwig auf den Stuhl, der Fahrtaler gegenübersteht. Fahrtaler schaut den Kollegen streng an: »Bisschen mehr Respekt, wenn ich bitten darf.«

»Aber … der hat seine Mutter erschlagen … und dann strawanzt er, hatschi!, zu wie eine Haubitzen an der Donau entlang, als wär nix gscheng.«

»Also: Hier gilt immer noch die Unschuldsvermutung. Und im Übrigen ist Abhängigkeit eine Krankheit, lieber Kollege, wie Ihr Schnupfen auch. Ich brauch euch jetzt nicht mehr.« Fahrtaler schenkt dem ausgemergelten Chlodwig ein Glas Wasser ein.

»Meine Mama und Frau Emmerich waren schon tot, wie ich gekommen bin«, schießt es aus Chlodwig heraus. »Und der Typ ist ganz schnell rausgerannt.« Er deutet auf Rückert.

»Chlodwig war's nicht«, sagt Django. Mit seinem Cowboyhut zeigt er auf Chlodwig. »Aber der Schoaßaufschmecker da …«

»Wer?«, fragt Fahrtaler verwirrt.

»Der Wichtigtuer«, übersetzt die Oma.

Was ist dem Django aufgefallen?

Lösung: 18. Rätsel-Krimi

Rückerts schwarze Pratzen von dem rußigen Schürhaken, mit dem er Ute Renner und ihre Freundin wegen des Geldes erschlagen hat.

SPIEL MIR DAS LIED VOM TOD – MÜNCHEN-KRIMI

»Deifisacklzement«, flucht der Brenner Max, weil ihm jemand einen Stein ins Genick geworfen hat. Genau zwischen Wollmütze und Schal hat er ihn getroffen. Er dreht sich um. Wahrscheinlich war's der Maroni-Mann ein paar Meter weiter, der gerade seinen Stand zumacht. Gestern hat er ihm schon wieder gedroht, dass er dem Max seine Gitarre im Fischbrunnen am Marienplatz versenkt, wenn der nicht aufhört, immer das gleiche Lied zu spielen. Dem wird er was husten. Wie er vor dem Stand steht, ist er weg.

Für heute hört der Max auf, ›Help‹ von den Beatles zu spielen, weil's dunkel und saukalt wird. Er packt das Kleingeld ein, das in seinem Hut liegt, schiebt die Gitarre in die Tasche und schnallt sie sich auf den Rücken. Ein komisches Gefühl hat er. Als würde ihn einer beobachten. Der Max ist es zwar gewöhnt, dass er beobachtet wird. Aber das Gefühl ist anders, als wenn ihm jemand beim Spielen zuschaut. Oder, wenn ihm jemand nachschaut, wegen seinem komischen Gang. Weil der Max nämlich als Dreijähriger Kinderlähmung gehabt hat und deswegen Krücken braucht. Es spürt, dass gleich was passieren wird, wenn er nicht aufpasst. Also humpelt er in Richtung Marienhof, wo gerade die große Baustelle ist und der Tunnel für die S-Bahn gebaut wird. Da wird das ungute Gefühl noch stärker. Der Max legt einen Zahn zu, biegt um die Ecke und versteckt sich hinter einem Baucontainer.

Fünf Minuten später liegt er in der Baustellengrube: tot.

Der Django schiebt die Oma am nächsten Morgen an der Baustelle vorbei. Er sieht gleich, dass da was nicht stimmt. Fast wär er ausgerutscht, als er in die Baugrubbe gestiegen ist. Die Oma muss oben warten. Er schaut sich den Brenner Max erst einmal in Ruhe an. Aber um die Vergangenheit zu verstehen, muss man eben die Spuren in der Gegenwart genau lesen können. »Ganz schön zugerichtet haben sie dich«, sagt er leise zum Brenner Max und hat ein bisserl Mitleid mit ihm. So verdreht, grün und blau, blutverschmiert und voller Dreck, wie der daliegt, kann er einem richtig Erbarmen mit seinen abgebrochenen Fingernägeln.

»Du sag mal, Oma, ist das nicht der Straßenmusikant von der Kaufingerstrass, der neben dem Maroni-Mann steht?«, fragt er die Oma, als er wieder rausgeklettert ist und der Oma sein Handy mit dem Bild des Toten gezeigt hat. »Da hast du recht. Der immer ›Help‹ spielt. Immer«, sagt die Oma.

Vielleicht ist er ja deswegen erschlagen worden?, denkt sich der Django, will es aber aus Anstand nicht in der Nähe des Toten aussprechen. Wo bloß seine Gitarre ist?

Weil er sich den Tatort jetzt genug angeschaut hat und wahrscheinlich bald die Schandi kommt, schiebt er die Oma zum Maroni-Stand. Obwohl's noch ziemlich früh ist, steht schon Rauch über dem kleinen, grünen Häuserl und es riecht nach heißen Maroni.

»Morgn,« sagen beide zu dem Mann mit dem grauen Vollbart und kaufen sich erstmal eine Tüte Maroni.

»Kennen Sie den Straßenmusikanten, der da immer gespielt hat?«, fragt der Django.

»Den? Und wie ich den kenn«, sagt der Verkäufer und schnauft aus, »jeden Tag spielt der das gleiche Lied. Erschlagen könnt ich ihn.«

»Und haben Sie ihn erschlagen?«

Der Verkäufer, der sich gerade eine Prise Schnupftabak auf den Daumen geklopft hat, schreit: »Was?!«, und bläst den Schnupftabak dem Django ins Gesicht.

»Wo waren Sie denn gestern Abend?«

»Dahoam. Ich hab mir das Bayernspiel angeschaut.«

»Zeugen?«

»Hunderte. In der Allianz Arena war ich, aber allein.« Also hat der Verkäufer ganz viele Zeugen und doch keine gehabt. Irgendwie hat sich der Django nicht vorstellen können, dass der es gewesen ist. Er hat zwar eine Riesenwut auf den Brenner gehabt, aber so zugerichtet wie der war …

Wie der Django dann die Oma auf den Viktualienmarkt schiebt, fällt ihm eine Gruppe Jugendlicher auf, die Bier trinken. Gerade haben Sie einem Rollstuhlfahrer ›Spasti‹ nachgerufen. Die wird er sich schnappen. Der Brenner war auch behindert.

Erst machen sie sich lustig über den Möchtegern-Cowboy und seiner »Alten«, wie sie die Oma nennen. Wie sie der Django auf den toten Straßenmusikanten anspricht, werden sie schon ruhiger. Alle waren sie in der Muffathalle und geben sich gegenseitig als Zeugen an. Da kann was nicht stimmen. Der Django schnappt sich den Kleinsten von ihnen. Matthias Keller. Gerade mal 16. Wie ein aufgestellter Mausdreck in Lederjacke und Cowboystiefeln sitzt er vor ihm. Spielt mit einem Plektrum.

Eigentlich bist du mir ja ganz sympathisch, denkt sich Django. Du könntest mein Sohn sein. Trotzdem lässt er den Jungen seine Cowboystiefel ausziehen und gibt sie den Schandi, die er angerufen hat und die nach wenigen Minuten eintreffen. Die nehmen den Buben mit auf die Wache und die Stiefel mit ins Labor. Obwohl die DNA unter Brenners Fingernägeln gereicht hätte.

Auf dem Nachhauseweg kommen die Oma und Django am Brunnen vom Roider-Jackl vorbei, dem Volkssänger. Der gesungen hat, dass er aufhören muss zum Singen, sonst wird er berühmt und kriegt ein Denkmal, wo das Wasser rausrinnt. Berühmt werden wollte der Brenner Max auch nicht, aber spielen. Auch wenn es immer das gleiche Lied war.

Woher wusste Django, wer der Täter war?

Lösung: 19. Rätsel-Krimi

Weil Matthias Keller der Jüngste war und mit 16 noch nicht in die Muffathalle darf. Außerdem spielt er Gitarre und hat sich wahrscheinlich das Instrument des Toten geschnappt. Vermutlich war er sauer, weil er als Einziger nicht mitdurfte.

POLIZEIEINSATZ – ERDING-KRIMI

Die Oma und der Django schnabulieren gerade ihr Mittagessen in der Langen Zeile in Erding. Sogar unter den gelben Sonnenschirmen hat's eine Sauhitzen. Da hält ein Streifenwagen vor dem Nagelstudio nebenan. »Endlich mal was los in Erding«, sagt der Django und schiebt sich eine Gabel voll Nudeln in den Mund.

Ein Schandi mit schwarzen Locken steigt aus, setzt seine Mütze auf und langt nach seiner Pistole im Holster. Mit zwei weiteren Kollegen bespricht er noch schnell was zum Tun ist. Dann postiert er sich mit seinem Funkgerät im Eingang des Nagelstudios, die anderen zwei hetzen ins Geschäft.

»Jetzt bin ich aber gespannt, was gleich passieren wird«, sagt die Oma.

»Schaut nicht gut aus«, sagt der Django, »also doch der Pakettrick.« Vor lauter Aufregung ist ihm der Appetit vergangen.

Zuvor waren die Oma und ihr Enkel am Bauernmarkt im Freilichtmuseum Kartoffeln einkaufen. Danach hat er die Oma in ihrem Rollstuhl am Kronthaler Weiher herumkutschiert, im Badeanzug. Sie wollte das so. Wie sie dann am ›Hollywood Nagelstudio‹ vorbeigekommen sind, hat sich der Django ein Lachen nicht verdrücken können. »Da gibt's Bionägel «, hat er gesagt und auf das Schaufenster gezeigt, auf dem ›Bionägel‹ in grüner Schrift angepriesen wurden. Dahinter hat der Django gesehen, wie eine Asiatin ein riesiges Paket verschnürt hat. »Hast du neulich auch den Bericht über die Paketagenten in der Zeitung gelesen?«, hat er gefragt.

»Freili«, hat die Oma geantwortet. »Einfach nur Pakete umpacken und damit mehrere Tausend Euro verdienen, eine feine G'schicht.«

»Und dann kommt das böse Erwachen.« Django hat mit dem Kopf in Richtung des Nagelstudios gedeutet. »Weil man teures Zeug umgepackt hat, die mit geklauten Kreditkarten bestellt worden waren.«

Jetzt wandert der Blick des Polizisten im Eingang die Lange Zeile auf und ab. Mit dem Zeigefinger tippt er auf seinem Funkgerät herum, steigt von einem Fuß auf den andern, langt alle drei Sekunden nach seiner Pistole. Die Schandi schauen immer wieder die Straße runter.

»Was denkst du?«, fragt die Oma.

»Vielleicht auch Drogen«, antwortet Django.

Da kommen die zwei Schandi mit der Frau aus dem Geschäft. Django kann nicht erkennen, ob sie Handschellen dranhat, weil der eine Polizist ihr ganz nah folgt.

»Vielleicht Schutzgeld«, sagt die Oma, die gerade darüber nachdenkt, ob sie heute ihre Blutdrucktabletten genommen hat, da ihr auf einmal so heiß wird.

Die Frau geht auf den Ständer zu, auf dem eine Hollywood-Pedicure Deluxe für 47 Euro beworben wird, packt ihn, klappt ihn auf und zu.

»Wenn ich so mache«, sie lehnt ihn an die Hauswand, »darf ich nicht.«

Sie klappt den Ständer wieder auf und stellt ihn quer. »Wenn ich so mache, wie Wirtshaus nebenan, darf ich auch nicht.«

Der Schandi mit den schwarzen Locken zieht ein Maßband heraus und notiert, wie breit der Ständer in aufgeklapptem Zustand war.

»Ich kläre es mit dem Liegenschaftsamt ab.« Dann steigen die Schandi in den Streifenwagen und brettern davon.

»Erstaunlich, über wieviel kriminelle Fantasie wir verfügen«, sagt die Oma.

»Nicht nur wir«, sagt der Django und trinkt sein Weißbier aus.

Was hat die Frau verbrochen?

Lösung: 20. Rätsel-Krimi

Ihren Werbeständer falsch aufgestellt.

BENZINGELD – EBERSBERG-KRIMI

Wie eine Bissgurken brüllt Tante Zitta ins Telefon. »Du glaubst es nicht, Django! Heut ist die Polizei vor meiner Tür g'standen und hat g'sagt, ich wär eine Gaunerin!«

Für Djangos Tante Zitta ist nix wichtiger als das, was die Leute von ihr halten. In ihrer Wohnung in Ebersberg findest du kein Staubkerndl. Und das nicht erst, seitdem sie von ihrer mageren Witwenrente lebt.

Kurz darauf brettern der Django und die Oma durch den Ebersberger Forst. Zitta hat ihre Wohnung am neuen Einkaufszentrum e-EinZ mitten in der Stadt. Zwischen dem Marktplatz, auf dem einem Eber unter der Mariensäule das Wasser aus dem Maul rinnt, und dem Bahnhof.

»Benzin soll ich g'stohlen haben. Mit fremde Kennzeichen.«

»Und woher hast du die g'habt?«, fragt die Oma.

»Fang du nicht auch noch damit an!«, zischt die Zitta.

»Was für Beweise gibt's?«, fragt der Django um die Zita wieder zu beruhigen.

»Angeblich Videoaufnahmen von mir. Aber die sind um kurz vor Mitternacht aufg'nommen worden. Da bin ich längst im Bett g'legen.«

»Und, hast jemand unter Verdacht?«

Ganz gschamig kratzt sie sich am Ohr. »Es fällt mir nicht leicht, das zu sagen. Mein Untermieter, der Sepp.«

»Und wie kommst du da drauf?«

»Mit einem Polen treibt er sich herum, einem Damian. Und mein Hans aus Minga sagt …«

»Das ist ja nicht gerade ein Beweis«, unterbricht sie der Django.

»Aber der Hans ist ein fesches, gebildetes Mannsbild, mit einer Villa in Grünwald.«

»Ja dann«, frotzelt der Django.

»Weiß dein Untermieter, dass die Polizei bei dir war?«

»Von mir weiß er nix.«

Der Django und die Oma beschließen, Tante Zittas

Wagen zu observieren. Und so sitzen s' jetzt mit einem dampfenden Kaffee im Auto, wie die letzten Schneeflocken des Jahres auf sie herunterfallen.

Da rennt die Oma den Django ihren spitzen Ellenbogen rein. »Da schau her.«

Ein vermummter Mensch schleicht aus dem Hauseingang von der Zitta. Schaut sich mehrmals um, geht zum Auto, das drei Häuser weiter steht, holt einen Schraubenzieher raus und tauscht das Nummernschild gegen ein anderes. Dann huscht er ins Haus.

Kurz darauf taucht der Sepp auf, steigt ins Auto und rast davon. Der Django und die Oma pappen wie Leim an ihm dran, verfolgen ihn am Krankenhaus vorbei bis zur Tankstelle. Der Sepp tankt seelenruhig, als wär nichts geschehen.

»Der hat vielleicht Nerven«, sagt der Django.

Wie der Sepp, fahren sie zurück zur Zitta. Eine Viertelstunde später tappt der vermummte Mensch erneut aus dem Haus und schraubte Tante Zittas Nummernschild wieder an. Django und die Oma folgen ihr nach innen.

Dunkel ist es in der Wohnung. Django läutet und Tante Zitta macht ihm im Morgenmantel auf.

»Und habt's ihn?«, fragt Zitta.

»Setz dich hin, Tante Zitta«, sagt Django nachdenklich und geht in ihr Schlafzimmer. Nimmt die Bettdecke hoch und fährt mit der Hand über ihre Matratze.

»Was soll das?«, fragt Zitta empört.

Django klopft an Sepps Tür. »Morgen. Hat Sie meine Tante gerade gefragt, ob Sie für sie tanken können?«

Die Antwort hört nur er. Django geht zurück zu seiner Tante in die Stube. »Ist es wirklich so wichtig, was die anderen von einem denken?« Er deutet auf den Pelzmantel. »Die reichen Freunde von deinem Hans. Er könnte doch auch mal zu dir kommen, dann hättest du nicht so horrende Benzinkosten.«

Tante Zitta springt auf. »Wie kommst'n da drauf?«

Wie ist Django darauf gekommen, dass seine Tante nicht geschlafen hat?

Lösung: 21. Rätsel-Krimi

Er hat gefühlt, ob ihr Bett warm war. Das war aber kalt. Sie hat nicht geschlafen, sondern die Nummernschilder ausgetauscht.

ALTE RECHNUNG – ISEN-KRIMI

Sie haben es mal wieder auf ihn abgesehen. Warum hätten ihn sonst die Gerti und der Bernd zu ihrer Hochzeit ins Isener Rathaus einladen sollen?

In der Schule hat der Django ständig für ihre hinterfotzigen Streiche herhalten müssen. Einmal haben sie ihn besoffen gemacht und nackert in Marktbrunnen vorn Griechen gesetzt. Dem Bernd und sein Flitscherl waren immer schon dabei, wenn es darum gegangen ist, den Django, des Bummerl, zu triezen. 20 Jahre sind seitdem vergangen. Und jetzt wollen sie ihre Sparinfankerl scheinbar weitertreiben, um ihre Hochzeit zu einem ganz besonderen Erlebnis zu machen. Im Isener Rathaus lassen sie sich trauen, über das am Anfang alle geschimpft haben, weil's so sauteuer war und so schiach ist und das bei manchen immer noch Bunker heißt. Die Gerti schaut phänomenal aus, mit ihrem blonden, hochgesteckten Haar. Beim Bernd dagegen ist nichts mehr übrig von dem durchtrainierten Mannsbild. Wie die Gerti hat er einen Bauch gekriegt, einen richtig schönen Knödlfriedhof. Im Gegensatz zur Gerti ist der Bernd aber nicht schwanger.

Der Django hat sich lange überlegt, was sich die alte Blosn für ihn hat einfallen lassen. Deswegen hat er auch die Oma daheim gelassen. Er ist alle Möglichkeiten durchgegangen und ist heute ganz besonders vorsichtig, vor allem, wenn's ums Trinken geht. Die Blosn hat früher nicht nur einmal die Wirkung von Abführtropfen an ihm ausprobiert. Beim Volksfest und auch beim Waldfest.

»Servus Batzenlippel«, sagt Bernd, wie er auf ihn zukommt.

Dir geb ich gleich einen Tölpel, denkt sich der Django und sagt: »Ich wollte dir und der Gerti herzlich gratulieren.«

»Das bringt doch Unglück«, sagt die Gerti. Der Django überhört, was sie gesagt hat und umarmt den Bernd, der sich dagegen sperrt. Anschließend herzt er die Gerti und genießt es sogar ein bisserl. Trotzdem fällt ihm auf, dass ihm die Gerti, das Luder, was in die Manteltasche geschoben hat. Die Hochzeitsgesellschaft wälzt sich unter dem viereckigen Glaserker durch die Holztür ins Rathaus. Die Brautjungfern gackern und die Mannsbilder machen dreckige Witze. Alle haben sich fesch gemacht, Geschenke und Reis dabei.

Der Django seilt sich kurz aufs Klo ab, schaut in seine Manteltaschen und ruft sicherheitshalber den Kommissar Rutzmoser an.

Wie der Django im Trauungssaal ankommt, nimmt das Brautpaar vor dem hölzernen Tisch Platz, auf dem Kerzen brennen und ein Blumengesteck glänzt. Draußen hört er die Polizeisirenen, was den Django beruhigt, weil er weiß, dass der Rutzmoser auf dem Weg ist.

Die Standesbeamtin kommt rein, die Gäste stehen auf und die Staatsdienerin fragt, ob der Bernd die Gerti zur Braut nehmen will. »Ja, ich w… «, sagt Bernd mit zitternder Stimme und bricht zusammen.

Django rennt nach vorn. »Lassen sie mich durch, ich bin Privatdetektiv.« Und zur Gerti sagt er: »Habe ich mich doch nicht getäuscht. Du hast Bernd vergiftet und wolltest es mir unterschieben.« Er langt in seine Manteltasche und holt die Spritzen raus, die er sicherheitshalber in ein Plastiktüterl gepackt hat, nicht, dass es ihn auch noch erwischt. »Du hast dir wahrscheinlich gedacht, dass es nicht ganz so schnell wirkt. Jetzt wird es wohl nix mit der Lebensversicherung Gerti und dem Bummerl Django als Mörder. Den Knödlfriedhof vom Bernd bist trotzdem los. Aber die Schandi werden gleich aus Dorfen da sein und dir andere Ringe anlegen.«

Was hat der Django in der Manteltasche gehabt?

Lösung: 22. Rätsel-Krimi

Eine Spritze ohne Kanüle, in der ein Kontaktgift war. Das hat die Frederike ihrem Bernd auf die Haut gespritzt. Dem Django hat die sie Spritze in die Manteltasche geschoben, um ihn den Mord unterzujubeln.

GEWETZTE MESSER – ERDING-KRIMI

Der Norbert hält ein blutverschmiertes Messer in der Hand. Vor ihm liegt sein verhasster Nachbar Fridolin Ganz auf dem Boden: tot.

Vor zwei Monaten ist der Norbert mit seiner schwangeren Frau nach Bergham vor Erding gezogen. In eine Doppelhaushälfte in hinterm Herderhäusl. Sie dachten, in der Vorstadt hätten sie die perfekte Umgebung für ihr Kind gefunden. Saubere Luft und wenig Verkehr. Und alle zwei haben nicht weit in die Arbeit: der Norbert in die Herzog-Tassilo-Realschule und seine Frau in die Therme. Allerdings hat sich der Nachbar unter ihnen, nach und nach als ignoranter Streithammel herausgestellt.

Wie Norberts schwangere Frau einen Schlüssel für die Einfahrt von Ganz wollte, damit sie das Rad nicht über die Treppen heben muss, hat er ihr den Schlüssel verweigert. Stinksauer hat der Norbert daraufhin bei ihm geläutet. Und von da an war der Käs gebissen. Nach der Geburt von Norbert seinem Sohn ist es dann total eskaliert. Der Ganz wollte wegen Mietminderung klagen, weil Norbert und seine Familie so einen Radau machen. Der Norbert hat ihn wegen seiner Schwimmreifen als Bademeister beschimpft, weswegen dann auch noch dem Norbert seine Frau beleidigt war. Weil sie ja Bademeisterin ist und man nach einer Geburt meisten nicht mehr so ausschaut wie davor.

»Lang mir doch eine!«, hat der Ganz gesagt, als sie sich wieder einmal gestritten haben. Vielleicht hat er ja Gedanken lesen können. Denn der Norbert hätt ihn am liebsten umgebracht. Aber ohne ihn anzulangen.

Da hört Norbert, wie sich ein Schlüssel ins Schloss schiebt. Die Tür hinter ihm weiter aufgeht. Licht angemacht wird. Ganz' Frau. Sie plärrt wie eine Furie. Haut die Tür zu und sperrt ihn ein. Kurz darauf steht sie mit dem Django in der Tür, der gerade bei Nachbarn zu Besuch war. Der Django zückt seinen Deringer und nimmt dem Norbert das blutverschmierte Messer ab, schaut sich die sauscharfe Klinge ganz genau an. Dann setzt er ihn auf einen Stuhl.

»Als ich heimg'kommen bin, ist er mit dem Messer in der Hand dag'standen, und mein Mann ist tot vor ihm g'legen«, sagt die Ganz.

»Ich war's nicht«, flüstert der Norbert.

»Mein Mann hat g'sagt, dass er ihm an die Gurgel will, der Verrückte.«

»Norbert, alles spricht gegen dich«, sagt der Django ernst und schaut das Krischperl an, das zusammengesunken auf den Fliesen sitzt.

»Die Tür ist offeng'standen, ich bin reing'kommen und hab das Messer aufg'hoben. Aber er war schon tot.«

»Hatt der Ganz noch andere Feinde gehabt?«, fragt der Django den Norbert.

»Der Ganz hat den Maier von nebenan immer zusammeng'schissen, wenn der Rasen zu lang war. Weil dann das Unkraut zu ihm rüberkommt. Maier hat gedroht, ihn umzubringen, wenn er nicht damit aufhört.«

»Geh doch mal zum Maier«, sagt der Django zur Oma, die zwar nicht aufsteht und geht, aber mit ihrem Rollstuhl davonfährt.

Der Django ruft den Kommissar Rutzmoser von

der Schandi an. Weil die Erdinger Polizeiinspektion, gleich beim Krankenhaus ist, quasi ums Eck, dürfte er gleich da sein. Derweil macht der Django in der Küche den Schub auf. Auch wenn er weiß, dass er sich damit Ärger mit dem Gschwoischädel Kommissar Rutzmoser einhandeln wird. Er fährt bei jedem Messer über die Klinge. Alle frisch gewetzt, wie bei der Tatwaffe.

»Komm mit«, sagt er dann zum Norbert.

Sie gehen nach oben in die Wohnung von Norbert und seiner Familie. »Sie haben einen kleinen Kniebiesler?«, sagt der Django, wie er das Spielzeug sieht, das in der ganzen Wohnung verteilt herumliegt. Norbert nickt und fängt zu trensen an. Der Django macht heroben ebenfalls den Schub auf, begutachtet ein Messer nach dem anderen. Inspiziert wieder die Klingen, die mal wieder gewetzt werden müssten. Seinen Deringer die ganze Zeit in der Hand »Aber wissen Sie, wie das Verhältnis zwischen Frau Ganz und ihrem Mann war?«

»Wir haben immer g'hört, wie sie g'stritten haben. Meine Frau hat sogar g'meint, dass er sie schlägt.«

Da steht die Oma schnaufend mit ihrem Hacklstecker in der Tür. »Der Ganz hat wirklich keine Freunde gehabt«, sagt sie. »Sein Nachbar, der Maier, hat ein Alibi von seiner Frau. Dafür war es ganz interessant, was ich über die Frau des Toten herausgefunden habe.«

»Ah geh«, sagt Django.

»Vor ein paar Wochen war sie im Frauenhaus, weil der Tote sie geschlagen hat. Nicht zum ersten Mal.«

»Und wo war sie zur Tatzeit?«

»Sie sagt, dass sie gerade von der Arbeit gekommen ist. Aber der Maier hat sie hineingehen und danach ins Gartenhaus laufen sehen.«

»Ich hab's mir fast gedacht«, sagt der Django und geht noch einmal zum Schub, wo dem Norbert seine stumpfen Messer drin sind. »Wenn die Ganz Glück hat, muss sie nicht ins Gefängnis. Vor ein paar Jahr hat eine Frau ihren Mann mit einer Bratpfanne getötet, weil er sie immer geschlagen hat.«

»Der Bratpfannenmord«, sagt die Oma und nickt.

»Vielleicht hat sie von dem im Frauenhaus gehört«, sagt der Norbert und umarmt seine Frau, die gerade mit seinem Sohn zur Tür hereinkommt.

Woher wusste der Django, dass der Norbert nicht der Täter ist?

Lösung: 23. Rätsel-Krimi

Weil das Messer aus der Küche von den Ganz' war. Dem Norbert seine Messer waren anders und nicht frisch gewetzt. Die von der Ganz schon. Wie das Tatmesser auch.

PREISVERDÄCHTIG – ISEN-EBERSBERG-KRIMI

»Ich hab keine Zeit«, sagt der Django, als ihm die Oma noch ein Zwiebelschmalzbrot schmieren will. Er kann es kaum erwarten, nach Ebersberg zu kommen. Mit einem Kurzkrimi hat er beim Schreibwettbewerb vom Alten Speicher mitgemacht. Die Gewinner des Wettbewerbs werden erst bei der Preisverleihung bekannt gegeben. Der Django malt sich besonders große Chancen aus, weswegen er das Gaspedal durchdrückte, als er Isen Richtung Burgrain verlässt. Am scharfen Eck in Burgrain rammt er fast einen Benzinfresser. In Gedanken ist er schon umringt von Groupies, die wie der Frühling über ihn herfallen. Vor Hohenlinden im Wald, kurz vor der

Zwölfer, wo's den Berg runter geht, fängt seine alte Schäßn plötzlich zum Stottern an.

»Zefix!«, schimpft der Django. Er schafft es gerade noch, den Wagen auf einen Waldweg zu lenken und schiebt sich Kautabak in den Mund. Da hält eine Limousine. Ein junger Bursch mit zurückgeschlecktem Haar steigt aus. Für die Oma ein typischer Stangerlaff, ein Angeber, ein Protz, so schleimig ist der. Das ist dem Django im Moment aber ziemlich egal. Weil er kurz darauf in der Limousine sitzt und die Preisverleihung jetzt doch noch nicht gelaufen ist. Der Django streicht über die Ledersitze und weiß sofort, was er sich von seinem Preisgeld kaufen wird. Vor lauter Freude sprudelt es nur so aus ihm heraus und er erzählt seinem Retter von der bevorstehenden Ehre.

In Hohenlinden hält der Stangerlaff an der Tankstelle. Weil der Django so schnell wie möglich seinen Preis entgegennehmen will, bleibt er sitzen.

Der Stangerlaff steigt wieder ein, kruscht auf dem Rücksitz herum und fährt los. Nach dem Kreisverkehr biegt er in den Ebersberger Forst ab, wo's zur Sauschütt geht. Er stoppt und durchsucht das Handschuhfach, schaut Django kritisch an. »Da waren 500 Euro drin. Du hast sie mir g'stohlen.«

Der Django ist so baff, dass er nur mit dem Kopf

schütteln kann. »Ich ruf die Polizei«, sagt der Stangerlaff, holt sein Smartphone raus und steigt aus. Der Django hätte ihm vor lauter Wut am liebsten seine Haare mit Bauschaum gegelt und danach mit einer Drahtbürsten frisiert. Stattdessen sagt er: »Ich geb dir den Preis für meinen Text. Der ganze Ruhm, die Groupies …«

»Na, geht doch«, sagt der Stangerlaff.

Also das wolltest du eigentlich, denkt der Django.

Der Stangerlaff holt Stift und Papier raus. »Da, schreib auf, dass du den Text von mir g'klaut hast, und unterschreib.«

Der Django ist stocknarrisch, macht aber trotzdem, was der Bandit von ihm will. Fast.

Der Stangerlaff parkt am Marienplatz im Schatten der Mariensäule. Von dort aus hetzen sie über die Altstadtpassage, an der Kreissparkasse und am neuen Einkaufszentrum zum Alten Speicher. Die Preisverleihung hat schon angefangen. Und tatsächlich gewinnt dem Django sein Krimi den ersten Preis. Der Stangerlaff stolziert nach vorn und gibt ihnen den Zettel. Die Jury fängt zum Flüstern an und die Vorsitzende sagt: »Laut diesem Schreiben hat Ihnen Oskar Maria Graf Ihren Krimi stibitzt. Nette Einlage. Dann würde ich jetzt den wahren Verfasser, den Django, nach vorne bitten.«

Mit knallrotem Schädel wetzt der Stangerlaff aus dem Saal. Der Django freut sich wie ein Schnitzel und holt sich seinen Preis ab. Weil's mit den Groupies nichts wird, geht er mit der Oma was trinken. Und von seinem Preisgeld kauft er sich einen Bausatz für eine Limousine.

Wie hat die Jury gemerkt, dass der Stangerlaff nicht der Autor war?

Lösung: 24. Rätsel-Krimi

Der Django hat mit Oskar Maria Graf unterschrieben.

WUNDERKERZEN – ERDING-KRIMI

Wenn's kracht und scheppert, dann geht's dem Toni gut, da ist er ganz der Vater. Der Toni steht in der Wohnung seiner Eltern, in der Liegnitzer Straße beim Krankenhaus ums Eck. Er langt sich an seine rote Backe, über der das blaue Auge blinkt. Der Watschnbaum ist wieder einmal umgefallen, angeblich wegen dem Saustall in seinem Zimmer. Aber in Wirklichkeit ist der Vater stinkig, weil er in der Spielhölle mal wieder verloren hat. Früher hat er sein Geld auf der Trabrennbahn in Daglfling verspielt.

Wegen dem Saustall braucht der Vater überhaupt nicht reden. Wenn die Mama nicht wär, wüsst der Alte nicht einmal, wo seine Hausschuhe stehen. Dann tät er vielleicht gerade einmal sein Bier finden; das die Mama beim Kramer ums Eck holt. In seinen Flaschen würd er ersaufen, wenn er die Mama nicht hätt. Zum Essen tät's nur noch Schinkennudeln geben, die er wahrscheinlich hart in die Pfanne hauen würd, weil er's besser nicht weiß. Der Toni an der Mama ihrer Stelle wär schon längst abgehauen, so wie der Alte mit ihr umgeht, sie verdrischt. Aber weil sie es nicht tut, muss er es halt machen, dafür sorgen, dass er geht, arschlings, in einem Plastiksarg, die Reste von ihm.

Mit einem Messer kratzt der Toni von einer Packung Wunderkerzen das Aluminium- und Eisenpulver ab. Jetzt noch die zweite Packung; bis auf eine Kerze. Ein schöner grauer Haufen liegt auf dem Fetzen Karton vor ihm. Daneben die leere Kräuterschnapsflasche vom Vater. Den Haufen schüttet er in die Flasche, reibt sich die Hände sauber. Die letzte Schnapsflasche, die der Vater zu Gesicht bekommen wird, hellerleuchtet, damit er sie auch ja nicht übersieht. Er wird glauben, er träumt, morgen, an Sylvester, wenn das Feuerwerk über Erding leuchtet. Da fällt's nämlich keinem auf, wenn der Toni die letzte Wunderkerze anzündet.

Genau in dem Moment läuten die Oma und der Django an der Tür. Sie waren gerade bei einer Bekannten, die die Oma von einer Ausstellung im Frauenkircherl kennt. Im Frauenkircherl am Schrannenplatz hat mit ihr und der Walde Christa vom Zeichenkurs ausgestellt. Weil's von außen gehört haben, wie es gekracht und gescheppert, der Toni und sein Vater geschrien haben. Die Tür öffnet sich nur einen Spalt, aber trotzdem sieht der Django, wie die Backen vom Toni blinkt.

»Servus, Toni«, sagt der Django, aber der Toni reagiert nicht.

»Toni, uns ist der Zucker ausgegangen, aber wir bräuchten eine für die Silvesterbowle«, lügt die Oma.

»Wart's einmal«, flüstert der Toni. »Ich schau nach.«

Die Oma reibt sich die Hände. »Können wir nicht reinkommen? Weil's draußen schon ein bisserl kalt ist.«

»Von mir aus. Aber es schaut ganz schön aus.«

Damit hat der Toni mehr als recht. Die Oma und der Django wissen nicht, wo sie sich hinsetzen sollen vor lauter Saustall. Flaschen, Kippen, dreckiges Geschirr, überall.

Trotzdem entgeht dem Django die Schnapsflasche auf dem Kanapee nicht, die mit schwarzem Pulver gefüllt ist. Er nimmt sie und riecht daran: Wunderkerzen. Bub mach doch kein Blödsinn!

Wie der Toni mit einem grindigen Packerl Zucker aus der Küche zurückkommt, legt der Django den Arm um ihn.

»Und du glaubst, dass du damit durchkommst?«, fragt er den Toni und deutet auf die grüne Schnapsflasche.

»Ich weiß nicht, was du meinst?«, fragt der Toni scheinheilig.

»Und wie du weißt, was ich mein. Du meinst, dann ist es vorbei. Du bist mit dem Annamirl längst über alle Berg, nach Italien, und flaggst am Strand, ein kühles Weißbier in der Hand, wenn die Schandi kommt. Bis jetzt ziert sie sich noch, aber du weißt schon, wie du nachhelfen kannst. Gelernt ist gelernt!«

Was hat der Toni aus der Schnapsflaschen und den Wunderkerzen gebastelt?

Lösung: 25. Rätsel-Krimi

Eine Bombe.

HUNDLING – EBERSBERG-KRIMI

»Hilfe! Die zwei Banditen haben dem armen Mann seinen Geldbeutel g'stohlen.« Die Rothaarige deutet auf ein dunkelhäutiges Manschgerl, der mit seinem käsigen Freund gerade noch an einem Pfenningeis geschleckt hat. Jetzt ist ihnen der Appetit vergangen, als hätte die Frau sie in ihre kleinen Hintern gebissen.

Gerade eben ist die Oma noch im Strandbad Klostersee, am Ende der Ebersberger Weiherkette, unterm Sonnenschirm gesessen und hat ihr Vanillesteckerleis in eine Plastiktasse gefusselt. Dann hat sie die Thermoskanne genommen, einen eiskalten Kaffee von daheim drübergezittert und den Metall-Eislöfffel mit integriertem Strohhalm hineingesteckt. Sie zuzelt so laut daran, dass es sogar der Django auf seinem Handtuch in der prallen Sonne hören kann. Auf der Straße, die daneben vorbeiläuft und auf der auch der Django und die Oma aus Isen gekommen sind, flimmert die Hitzen, gegen die nicht einmal die Autos ankommen. Die Liegewiese zwischen den Bäumen und dem dunkelgrünen Wasser ist bedeckt mit Handtüchern, Liegen und Sonnenschirmen und Menschen, die drauf oder drunter flacken. Die Buben nutzen den heißen Sommertag um die Mädl mit ihre Saltos vom Dreimeterbrett zu beeindrucken, die weniger Mutigen vom Einser. Nicht selten strengen sich die jungen Mannsbilder umsonst an, weil's die Mädl viel besser können. Federbälle und Frisbees schwirren durch die Luft, es riecht nach Pommes und Sonnencreme. Andere schleppen sich nur von ihren Liegen ins Wasser und zurück. Kinder backen Sandkuchen und verkaufen Sandeis, als wäre es noch nicht heiß genug. Dem Django rinnt der Saft runter wie einer ausgepressten Zitrone. Da hilft nur ein Sprung ins Wasser. Gerade wo er aufstehen wollte, hat die Rothaarige im gleichfarbigen Bikini geplärrt.

Der Django wuchtet seinen Knödlfriedhof vom Handtuch, setzt seinen Cowboyhut auf und geht hinüber. Der Bademeister ist auch schon da und fragt, was passiert ist. Die Rothaarige wiederholt wie eine

Schallplatte mit Kratzer: »Die da, die da.« Django muss an ein Lied von den Fantastischen Vier denken. Der Bestohlene kommt dazu, ein Glatzenbeni, und wie der Django und die zerkratzte Schallplatten Mitte 30.

»G'schlafen hab ich«, sagt er. Aber schon schaltet sich die Rothaarige wieder ein, ihr Gesicht wird so rot wie ihre Haare. Der Django hat Angst, dass sie gleich kollabiert. Er überlegt, ob er ihr nicht eine Plastiktüte bringen soll. Bis sie sagt: »Einen ganzen Batzen Geld haben s' g'stohlen, die Hundling.«

»Kennen Sie sich?«, fragt der Django, hinter dem jetzt die Oma mit ihrem Hacklstecker steht. Immer noch den Geschmack von ihrem Eiscafé auf den Lippen.

Die Rothaarige schaut den Glatzenbeni an und schüttelt den Kopf. »Iwo.«

»Ich wüsst auch nicht woher«, sagt der Bestohlene.

»Dann würde ich sagen, dass Sie jetzt die jungen Leut ihr Eis weiterschlecken lassen und ihr Geld auf ehrliche Art und Weise verdienen.«

»Wer da die Hundling sind«, sagt die Oma.

Was hat die Rothaarige gewusst, was nur jemand wissen kann, der den Bestohlenen und seinen Geldbeutelinhalt kennt?

Lösung: 26. Rätsel-Krimi

Dass er einen ganzen Batzen Geld in seinem Geldbeutel gehabt hat.

HERBSTFEST – ERDING-KRIMI

Der Django hat's kaum erwarten können, aufs Erdinger Herbstfest zu kommen. Wenn er geahnt hätte, was dort passiert, wäre er vielleicht daheimgeblieben. Aber nur vielleicht.

Die Oma und der Django parken ihre Schäsen hinterm Schwimmbad. Die Oma freut sich, dass die Parkgebühren der Sozialverband VDK kriegt, mit dem sie schon mal im Urlaub in Apulien war. Sie machen aus, dass sie sich zum Mittagessen im Festzelt treffen. Die Oma wollte sich zuvor mal wieder die Ziegen im Stadtpark anschauen. Den Django zieht's zum Autoscooter. Schon von Weitem hört er die Musik, es riecht nach gebrannten Mandeln.

Er ist ganz enttäuscht, weil der Autoscooter noch nicht auf hat. Aber dann grinst ihn eine brünette Frau an wie ein Honigkuchenpferd und alles ist vergessen.

»Servus«, kommt sie auf ihn zu. »Geh ma was trinken?«

Der Django ist sprachlos und läuft ihr nach ins Festzelt. In kürzester Zeit hat die fesche Franzi die erste Maß geleert und bestellt eine neue Maß. Da rennt den Django von hinten einer an und er verschüttet sein Bier. Er dreht sich um, kann aber nicht mehr erkennen, wer es gewesen ist.

Nachdem er mit Franzi Bruderschaft getrunken hat, lädt sie ihn zu einer Fahrt im »Kini« ein. Wie eine riesige Schiffschaukel überschlägt sich das Fahrgeschäft, an dem ganz unten vier Gondeln hängen. Während sie sich anschnallen, stellt sich der Django gedanklich auf die Fahrt ein. Da ihm schnell schlecht wird, weiß er nicht, ob er die Fahrt ohne Bröckerlhusten überstehen wird. Das könnt haarig werden, denkt sich sein Kopf und sein Magen gleich dazu. Die Sitze fangen an zu wackeln und schießen irgendwann in die Luft. Dem Django wird schwarz vor Augen.

Er wacht von einer Watschn auf und linst in das faltige Gesicht von der Oma. »Mei, Bua, was machst denn?«

Sein Schädel dröhnt. »Wo ist die Franzi?«

»Welche Franzi?«, fragte die Oma. Ohne ihr eine Antwort zu geben, wankt der Django zur Kasse. Der Kassierer hatte gesehen, dass die Franzi wie die Fahrt vorbei war, davongewetzt ist. Der Django langt nach seinem Geldbeutel. Aber der ist verschwunden.

»K.-o.-Tropfen«, flüstert er und ärgert sich, dass er so unvorsichtig war. »Dich krieg ich, du Flitscherl. Wie auch immer du in Wirklichkeit heißen magst.«

Also nehmen sie sich ein Taxi und fahren übers Gewerbegebiet zur Polizeiinspektion, die sie in nicht einmal zehn Minuten erreichen. Er macht die Tür auf, geht rein und bleibt so abrupt stehen, dass die Oma in ihn reinrennt.

»Du hast dir wirklich dein Schädel weichgesoffen«, schimpft sie.

Der Django reibt sich die Augen. Aber es hilft nichts. Die Franzi steht vor ihm und redet mit einem Polizisten. Neben ihr ein anderer Mann, der viel besser ausschaut wie der Django. Der Django ist so baff, dass er zum Stottern anfängt und auf die Franzi deutet: »Die, die …«

Da fällt der Franzi auf, dass der Django auch da ist. »Ich kann der alles erklären.«

»Jetzt tu nicht so verheiratet«, sagt der Django grantig.

Die Franzi lässt sich davon nicht beirren: »Er war's«, sie deutet auf den feschen Mann, der neben ihr steht. »Ich hab ihn wiedererkannt, wie wir im Kini gefahren sind. Er hat dich im Bierzelt angerempelt. Und dann habe ich ihn vom Karussell aus beobachtet, wie er das Geld herausg'nommen hat und sofort einen von der Schandi informiert. Jetzt warte ich noch drauf, meine Aussage zu machen.«

Wo hat der Bandit das Geld herausgenommen?

Lösung: 27. Rätsel-Krimi

Aus dem Geldbeutel vom Django.

FALSCHE FÄHRTE – EBERSBERG-KRIMI

Der Cousin vom Django, der Sepp, hat sich verschaut in die Susanne. Aber der Schrankl ist schwer verliebt in die Susanne, glaubt die Susanne. Und die Susanne ist schwer verliebt in den Schrankl, denkt der Schrankl. Was habe ich nur für eine super falsche Fährte gelegt, haben alle zwei insgeheim gedacht.

Die Susanne aber liebt vor allem ihre Freiheit und den Ebersberger Forst. So sehr, dass sie am Wochenende regelmäßig an der Weiherkette entlang bis zur Sauschütt wandert. Außerdem mag sie den Egglburger See, wo sie immer die Vögel füttert.

Wie sie heute die letzten Brotbrösel verfüttert hat, geht sie ins Wirtshaus unterhalb vom Aussichtsturm, weil sie weiß, dass der Schrankl dort verkehrt. Der Schrankl ist Mitarbeiter von FT-Security und transportiert mehrmals wöchentlich eine ganze Stange Geld nach Erding. Das haben die Susanne und ihr Komplize, der Eipp, in wochenlanger Beobachtung herausgefunden. Und noch was weiß der Eipp von Früher, wie er mit dem Schrankl öfter zum Wirt gegangen ist: Der Schrankl schaut jedem Rock hinterher, als hätt er jahrelang im Kloster gelebt. Und das hat sich bis heute nicht geändert. Also zieht sich die Susanne ihren kürzesten Rock an und wartet im Wirtshaus unterhalb vom Aussichtsturm.

Der Susanne ihre Rechnung geht auf, der Schrankl setzt sich zu ihr auf die gemütliche Eckbank, und sie genießen gemeinsam das Mittagessen. Danach schlendern sie Arm in Arm übern Marienplatz mit der Mariensäule und dann zu seiner Wohnung in der Nähe vom Grabkreuzmuseum. Die darauffolgenden Tage verbringen sie jede freie Minute miteinander. Das alles kriegt der Django mit, weil er die Susanne keine Sekunde aus den Augen lässt. Der eifersüchtige Sepp bezahlt ihn schließlich dafür.

Weil der Schrankl keine fremden Personen in seinem Geldtransporter mitnehmen darf, beschließen er und die Susanne, sich am nächsten Tag hinter Hohenlinden im Wald zu treffen. Dort legen er und sein Kollege immer eine ungenehmigte Pause ein, die sie später wieder hereinfahren. Der Platz liegt so nahe an der eigentlichen Route, dass das GPS keinerlei Abweichung feststellen kann. Davon hat der Django nix mitgekriegt. Aber er sieht gerade noch rechtzeitig, wie die Susanne losbrettert.

Der Schrankl wartet schon, wie die Susanne mit ihrem Wagen in den Waldweg einbiegt. Der Django hält am Straßenrand, steigt aus und schleicht durch den Wald hinterher. Dem Schrankl sein Kollege vertritt sich währenddessen die Haxen und raucht eine. Die Susanne und der Schrankl schmusen so leidenschaftlich, dass dem Django ganz heiß wird. Da fegt der Eipp mit seiner Schäsn um die Ecken, steigt aus und brettert dem Schrankl eine: »Dich mach ich katholisch! Mit meiner Freundin schmusen.«

Dem Django ist aufgefallen, dass der Eipp vorher dem Schrankl seinen Kollegen unschädlich gemacht und sich die Geldkassette geschnappt hat. Er will natürlich schauen, wie es weitergeht, und fährt den beiden hintenach.

»Bahamas wir kommen«, jubelt der Eipp, wie er mit der Susanne zum Münchner Flughafen ins Erdinger Moos fährt. Am Check-in werden sie wegen schweren Raubüberfalls festgenommen. Ohne das erbeutete Geld, dafür mit Waldboden in ihren Schuhsohlen. Weil die Geldkassette, in die sie nicht einmal hineingeschaut haben, leer ist.

Vor einer Woche schon hat der Django geschnallt, dass der Schrankl geschnallt hat, dass ihn der Eipp observiert. Er war gespannt, was passieren wird. Und hat sich übern Eipp informiert, der schon immer eine kriminelle Energie gehabt hat. Was auch der Schrankl und seine entspannte Frau gewusst haben. Weswegen sie auch davon ausgegangen sind, dass es der Eipp auf dem Schrankl seinen Geldtransporter abgesehen hat. Aber der Eipp und die Susanne haben die Rechnung ohne den Schrankl gemacht. Weswegen der Django dem Sepp auch keine Rechnung stellt.

Wer hat das Geld?

Lösung: 28. Rätsel-Krimi

Schrankl und seine entspannte Frau.

MIT DEN EIGENEN WAFFEN – EBERSBERG-KRIMI

Die Oma ist so aufgeregt, dass das Fernglas in ihrer Hand noch mehr zittert. Sie steht neben dem Django auf dem Aussichtsturm am Rand vom Ebersberger Forst und schaut auf Ebersberg runter.

Da fällt ihr ein Mannsbild vor dem Museum Wald und Umwelt auf, das sich auffällig verhält. Er zieht sich seine Mütze tiefer ins Gesicht und setzt die Kapuze seines Pullis auf. Und das, obwohl die Sonne herunterbrennt und dem Django Schweißperlen auf der Stirn glänzen. Das Mannsbild streift sich Handschuhe über und zieht einen Reifenschlüssel aus seinem Rucksack. Und immer wieder schaut er sich nervös um.

»Der Batzi hat doch was vor«, sagt die Oma.

»Wer?«, fragt der Django.

»So ein Mannsbild dreht die Radmuttern von einem

Auto auf. Und ich bin mir fast sicher, dass er das nicht tut, um die Sommerreifen draufzumachen.«

Der Django zückt die Kamera, zoomt den Täter her und fotografiert ihn mehrmals.

Wie das Mannsbild an allen vier Reifen die Muttern gelockert hat, packt er den Schlüssel ein und wetzt zu seinem Wagen, der nur wenige Autos von dem manipulierten Wagen entfernt steht.

»Wir müssen die Polizei informieren«, sagt der Django und ruft sie von seinem Handy aus an. »Der Beamte meinte, dass es dauern könnte, weil sie wegen der Ebersberger Wiesn alle Hände voll zu tun hätten. Lass uns die Sach' selber in die Hand nehmen.«

»Ob das gut geht?«, sagt die Oma. Sie humpeln die tausend Stufen vom Aussichtsturm runter und weiter zum Parkplatz vom Museum.

Wie sie vorm Museum stehen, sitzt das Mannsbild in seinem Auto. Der Django schaut ungeduldig auf die Uhr. »Passieren darf dir da nichts.«

Die Oma nickt zustimmend, lässt den Täter keine Sekunde aus den Augen. »Und was ist, wenn er einfach abhaut?«

»Dann verfolgen wir ihn.«

»Ich hätte da eine bessere Idee, wie wir ihn stoppen können«, sagt die Oma.

Sie flüstert dem Django was ins Ohr.

»Wir?«, fragt der Django.

»Habe ich *wir* gesagt?«

»Also gut«, sagt der Django, auch wenn ihm nicht ganz wohl bei der Sache ist.

Die Oma steigt aus, humpelt zu dem Verdächtigen und stellt sich genauso vor die Tür, dass er im Rückspiegel nichts sehen kann.

»Entschuldigung, ich bräuchte mal bitte Ihre Hilfe.«

»Was gibt's?«

Django ist schon am Arbeiten.

»Wo geht's denn da zur Podologie?«

»Wohin?«

Der Django kommt gut voran.

»Wissen S', meine Hühneraugen brauchen eine Brille.«

»Sie haben wohl eine Schraube locker!«

Da roast der Streifenwagen ums Eck. Die Beamten halten, springen aus dem Wagen und schnappen sich den Django.

»Es ist nicht so, wie Sie denken«, sagt der Django.

»Sind wir verheiratet, oder was?«, sagt der Polizist mit dem Oberlippenbart, und Django denkt: »Oberlippenbärte sind die Härte.«

»Das ist der richtige Täter«, sagt die Oma und deutet auf das Auto. »Wir können Ihnen den Wagen zeigen, den er manipuliert hat.«

Glücklicherweise glauben die Beamten der Oma. Und da waren ja auch noch die Fotos.

Was hat der Django gemacht?

Lösung: 29. Rätsel-Krimi

Er hat die Radmuttern vom Auto des Täters gelockert.

DRECKIGES GESCHÄFT – ERDING-KRIMI

Vor zehn Minuten hat das Telefon beim Kommissar Rutzmoser von der Erdinger Kripo geläutet. Eine Geiselnahme im St. Sebaldus Krankenhaus. Im beschaulichen Erding, wo das berühmte Weißbier herkommt. Weil die Oma wegen ihrem Rheuma einen Termin im Krankenhaus gehabt hat, sind auch sie und der Django vor Ort. Jetzt wartet der Einsatzleiter vom Sondereinsatzkommando schon auf Rutzmoser.

»Die drei Täter haben den Geschäftsführer der Gesundheits GmbH Südliches Bayern, Harald Wiesengrill, in seinem Büro im 5. Stock als Geisel genommen«, sagt der Einsatzleiter. »Ich hab nur mit einem g'redt, zwei andere hat man g'sehen mit einer Pistole. Die Stimm war verzerrt. Sie wollen 10.000 Euro Lösegeld, einen Hubschrauber und die Privatisierung der Klinik rückgängig machen.«

»Linksradikale«, sagt Rutzmoser.

»Oder jemand, dem gekündigt worden ist. Der Wiesengrill hat Leut entlassen, um Geld zu sparen.«

»Schauts mal, wer heute nicht zum Dienst in der Klinik erschienen ist«, sagt er zu einem Uniformierten.

Da klingelt dem Rutzmoser sein Handy. Im fünften Stock sieht er eine vermummte Gestalt am Fenster, die telefoniert. Auch die Oma und der Django linsen gespannt nach oben. »Polizeihauptkommissar Rutzmoser, Grüß Gott … Wir brauchen Zeit, um das Geld zu besorgen … In einer halben Stunde? … Das Geld vor dem Hubschrauber? … In Ordnung … Aber auf die Politik habe ich keinen Einfluss.« Rutzmoser schaut auf die Uhr. Eigentlich sollte der Psychologe schon lange da sein. Wahrscheinlich steckt er im Berufsverkehr. »Ich versuche, den Gesundheitsminister zu erreichen«, beschwichtigt Rutzmoser und hofft alles richtig gemacht zu haben.

Rutzmoser denkt nach. Der fünfte Stock ist geräumt worden. Also sind keine anderen Personen gefährdet. Der Hubschrauber landet auf dem Dach, einen Stock höher. Vielleicht wäre es besser, wenn das SEK stürmen würde.

Der Uniformierte kommt zurück. »Ein Rudolf Rüderich vom Betriebsrat ist heute krankgemeldet. Er wohnt in Klettham. Der hat auch Kontakte zur linken Szene.«

»Klären S', ob er daheim ist. Was sagt der Verfassungsschutz?«

»Die haben keine Hinweise auf irgendwelche Aktionen.«

»Was nix heißen muss«, denkt Rutzmoser. »In einer halben Stunde muss der Hubschrauber da sein und ein Koffer mit Falschgeld«, flüstert er, »und schicken S' mir den Einsatzleiter vom SEK. Bringen S' mir doch bitte die Zeitungsartikel, die es zu dem Thema gibt.« Der Uniformierte schnauft genervt aus und wetzt davon.

Der Django und die Oma haben alles mitverfolgt. Jetzt schauen sie noch einmal nach oben in den fünften Stock zu den Geiselnehmern. Einer der Entführer zieht gerade seinen Pullover aus. Irgendwas kommt dem Django dabei komisch vor. Er weiß aber nicht was und steht auf. Zu einer jungen, feschen Polizistin sagt er: »Ziehen S' doch mal Ihren Pullover aus.«

Sie zögert. »Wie bitte?«

»Ihren Pullover ausziehen!« Sie reagiert immer noch nicht.

»Befehl vom Kommissar Rutzmoser.«

»Wenn S' meinen.« Sie kreuzt ihre Arme vor dem Bauch und zieht ihren Pullover aus. Da weiß der Django, was ihm komisch vorgekommen ist, und denkt, vielleicht sollte ich zur Polizei gehen. »Dank schön«, sagt er, dreht sich um und geht. Ein Polizist zeigt seinen Kollegen einen Vogel. Auch die Oma schüttelt ihren Kopf. Bis ihr kommt, warum der Django das getan hat.

Da kommt Rutzmoser zurück und sagt. »Wir stürmen in einer halben Stunde, wenn der Hubschrauber kommt.« Der Einsatzleiter schaut ihn ganz perplex.

Rutzmoser nutzt die Zeit, studiert die Presse der letzten Wochen. »Drei Babys an Darmkeim gestorben. Wurde zu wenig auf Hygiene geachtet?«, lautet eine Schlagzeile.

Die halbe Stunde ist vorbei. Ein Beamter hat den Geldkoffer in den Aufzug gelegt. Die vermummten SEK-Männer haben das Krankenhaus umstellt und warten im vierten Stock auf ihren Einsatzbefehl. Scharfschützen liegen auf den umliegenden Dächern. Der Hubschrauber ist zu hören. Auf einmal stürzt jemand aus dem fünften Stock. Der Körper landet auf der Straße: Wiesengrill. Das SEK stürmt das Krankenhaus. Die Geiselnehmer sind verschwunden.

Der Django geht zum Rutzmoser und flüstert ihm was ins Ohr. Rutzmoser überlegt, macht ein grantiges Gesicht und sagt: »Wenns d' meinst.« Gemeinsam mit der Oma fahren sie in den dritten Stock, in die Kinderstation. Dort sitzen drei Frauen auf dem Gang. »Kommissar Rutzmoser. Kripo Erding«, sagt er und setzt sich hin. »Sie wollten Ihre toten Kinder rächen, weil durch die Privatisierung zu wenig Personal da war und deswegen zu wenig auf die Hygiene geachtet worden ist.« Die drei schauen ihn erschrocken an.

»Aber Wiesengrill sollte nicht sterben«, sagte eine Rothaarige leise. »Es war ein Unfall.«

»Eine Frage habe ich noch«, sagt Rutzmoser. »Wie sind Sie in den dritten Stock gekommen?«

»Durch den Essensaufzug«, sagte eine kleine Frau, die das Bild ihres Kindes in der Hand hält.

Woher hat der Django gewusst, dass die Entführer Frauen waren?

Lösung: 30. Rätsel-Krimi

Weil sich eine Frau ihren Pullover ausgezogen hat, wie sich die meisten Frauen einen Pullover ausziehen.

MICHAEL GERWIEN
Brummschädel

978-3-8392-1757-3 (Paperback)
978-3-8392-4777-8 (pdf)
978-3-8392-4776-1 (epub)

»Zwei weibliche Mordopfer, zwei mögliche Täter, die sich an nichts erinnern können, und zwei Ermittler, die normalerweise so gut wie jede harte Nuss knacken.«

Ein Geschäftsmann erwacht morgens neben seinem Bett im Hotelzimmer. Er hat keinerlei Erinnerung mehr an die Ereignisse der letzten Nacht und sein Kollege, mit dem er letzte Nacht noch in der Hotelbar gesessen hat, ist spurlos verschwunden. Parallel dazu wird der Münchner Exkommissar und jetzige Privatdetektiv Max Raintaler zu einem Tatort am Isarufer gerufen. Nördlich der Museumsinsel liegen mitten in der Stadt die Leichen zweier junger Russinnen. Besteht ein Zusammenhang zwischen den beiden Ereignissen?

Das Neueste aus der Gmeiner-Bibliothek

Unsere Lesermagazine

Bestellen Sie das kostenlose KrimiJournal in Ihrer Buchhandlung oder unter www.gmeiner-verlag.de

Informieren Sie sich …

www … auf unserer Homepage:
www.gmeiner-verlag.de

@ … über unseren Newsletter:
Melden Sie sich für unseren Newsletter an unter www.gmeiner-verlag.de/newsletter

… werden Sie Fan auf Facebook:
www.facebook.com/gmeiner.verlag

Mitmachen und gewinnen!

Schicken Sie uns Ihre Meinung zu unseren Büchern per Mail an gewinnspiel@gmeiner-verlag.de und nehmen Sie automatisch an unserem Jahresgewinnspiel mit »mörderisch guten« Preisen teil!